너희들의
미래
보고서

너희들의 미래 보고서

초판 1쇄 발행 2019년 1월 10일
초판 4쇄 발행 2021년 9월 27일

지은이 오승현 그린이 권용득 기획 설완식
펴낸이 이승현 편집3 본부장 최순영

교양 학습 팀장 김문주 편집 김희선 디자인 Studio Marzan 김성미

펴낸곳 (주)위즈덤하우스 출판등록 2000년 5월 23일 제13-1071호
주소 서울특별시 마포구 양화로 19 (합정동, 합정오피스빌딩) 17층
전화 02) 2179-5600 전자우편 kids@wisdomhouse.co.kr
홈페이지 www.wisdomhouse.co.kr

ISBN 979-11-89709-37-2 43300

• 인쇄·제작 및 유통상의 파본 도서는 구입하신 서점에서 바꿔드립니다.
• 책값은 뒤표지에 있습니다.

너희들의 미래 보고서

오승현 글 ◆ 권용득 그림

위즈덤하우스

◆ 차례

들어가는 글 : 다가오는 겨울

"겨울이 오고 있다(Winter is coming)."

미국 드라마 〈왕좌의 게임〉에 나오는 대사다. 그렇다. 시나브로 겨울이 오고 있다. 지금까지 한 번도 경험해 보지 못한 엄청난 겨울이.

성인이 된 여러분이 살아갈 20여 년 후는 지금과 완전히 다른 세상일지 모른다. 고작 20년 만에 세상이 그렇게 변할 수 있냐고? 세상은 몇십 년 만에 완전히 달라지기도 한다.

경제 성장의 지표인 국내 총생산(GDP)은 1960년에 27조 원이었고, 2016년에 1508조 원이 되었다. 공교롭게도 한국의 경제 규모는 56년 만에 56배 커졌다. 그사이 한국은 국제 사회의 도움을 받는 나라에서 국제 사회에 도움을 주는 나라로 바뀐, 세계 유일의 나라가 되었다.

겨울은 먼 데서 오지 않는다. 우리 내부에서 시작된다.

한국이 100명으로 이루어진 마을이라면, 이 마을 사람들은 어디서 어떻게 살아갈까? 마을 사람들 가운데 일하면서 돈을 버는 사람은 62명이다. 그중에서 정규직이 30명, 비정규직이 15명, 실업자가 2명이다. 사업체를 운영하는 자영업자가 15명이다. 30명의 정규직 가운데 삼성전자나 현대자동차 같은 안정적인 회사에 다니는 사람은 1명이다. 더도 덜도 아닌 단 1명이다. 매출액 상위 559위에 속한 기업에 다니는 사람이 1명이라는 뜻이다. 매출액 상위 2000위에 속하는 기업에 다니는 사람은 3명에 불과하다.[1] 우리가 아는 웬만한 회사는 2000개 기업에 들어간다.

"우리가 잘돼야 마을이 잘살 수 있다."

기업들이 입버릇처럼 외쳤던 말이다. 그래서 사람들은 하나같이 기업들을 응원했다. 한국 기업들이 만든 제품을 앞장서 사 줬다. 정부도 수출 대기업을 육성하고 지원하는 정책을 써 왔다. 정부는 앵무새처럼 기업의 말을 따라 했다.

"그들이 잘돼야 마을이 잘살 수 있다."

이른바 '낙수 효과'를 기대한 거다. '낙수'란 물이 아래로 흘러 넘친다는 뜻이다. 컵을 쌓아 놓고 맨 위에 있는 컵에다 물을 가득 부으면 물이 넘쳐서 아래로 흘러내리는 모습을 연상하면 된다. 정부가 투자를 늘려 대기업이 성장하면 중소기업과 소비자에게도 고루 혜택이 돌아간다는 것이다. 한마디로 대표 선수가 잘되

---

1) 이원재, 『이상한 나라의 경제학』, 어크로스 참고

면 모두에게 이롭다는 논리이다.

"과거엔 유리잔이 흘러넘치면 가난한 자들에게 혜택이 돌아간다는 믿음이 있었다. 하지만 지금은 유리잔이 가득 차면 마술처럼 잔이 더 커져 버린다."

프란치스코 교황이 한 말이다.

수출이 아무리 늘어도 개인의 삶은 제자리다. 『걸리버 여행기』(1726)에는 '라퓨타'라는 하늘을 나는 섬이 등장한다. 땅에 사는 이들은 라퓨타에 사는 이들이 먹다 버린 쓰레기로 살아간다. 대한민국도 라퓨타와 다르지 않다. 기업만 눈부시게 성장하고, 개인은 눈물 나게 불행하지 않은지 생각해 봐야 한다.

1대 99!

지금까지 99명은 1명의 성공을 열심히 응원해 주었다. 자신의 삶과 별로 상관없는 1명의 성공을 말이다. 대한민국이라는 무대 위에서 오직 그 1명만이 주인공으로서 영광을 누렸다. 나머지 99명은 주인공을 바라보는 관객 혹은 조연에 불과했다. 1명은 수출 대기업과 그 종사자들이다. 경제 성장의 연극이 흥행할수록 주인공만 배부르고 관객 혹은 조연은 배고프다. 그러나 관객이나 조연이 없다면 주인공이 있을까? 주인공이 벌어들인 돈은 관객의 주머니에서 나왔다.

지구촌으로 눈을 돌려 보자. 국제 구호 단체 옥스팜에 따르면, 2014년에 세계 최고 부자 62명이 가진 재산은 70억 세계인의 절반이 가진 재산과 맞먹는다.[2] 62만 명이 아니다. 큰 부자 62명이다. 35억 인구가 가진 재산과 맞먹는 62명의 재산은 어디서 왔을까? 부자는 자기 힘으로 서 있는 게 아니다. 개미같이 바글거리는 노동자들이 거인 같은 부자를 지탱해 준 덕분에 서 있을 수 있다. 일찍이 애덤 스미스는 『국부론』(1776)에서 이렇게 말했다.

"큰 재산이 있는 곳이면 어디든 불평등이 있다. 한 사람의 부자가 있으면 적어도 500명의 가난한 사람이 있게 마련이고, 소수의 풍요는 다수의 가난을 전제로 한다."

이 책은 여러분들이 커서 겪게 될 한국 사회의 미래를 전망한다.

한국의 미래를 전망하려면 현재의 한국을 알아야 한다. 어쩔 수 없이 이 책에는 우리 사회의 현실을 보여 주는 절망의 숫자들이 등장한다. 너무 적나라한 절망의 숫자들을 굳이 청소년들이 알아야 하냐고, 반문할지 모른다. 영화 〈인생은 아름다워〉(1998)에서 눈물겹게 보여 주듯이, 지옥 같은 현실 앞에서 아이의 눈을

---

2) 「억만장자 62명 재산, 세계인 절반의 부와 같아」,《한겨레》 2016년 1월 18일 기사 참고

가리려는 것이 어른의 마음이다. 그러나 문제점을 제대로 알아야 바꾸든 대비하든 할 것 아닌가?

'문제의 해결은 어떤 것이 문제라고 인식하는 것에서부터 시작한다.'

내가 좋아하는 말 가운데 하나다. 그런 관점에서 문제의 실상을 낱낱이 알 필요가 있다. 청소년이라고 예외일 수는 없다. 청소년 역시 미래의 주인공으로서 오늘의 현실을 정확히 알아야 한다. 또한 일그러진 현실을 바로잡는 데 크든 작든 힘을 보태야 한다.

이 책은 대한민국에서 살아가는 수많은 관객과 조연이 맞이할 잿빛 미래를 그리고 있다. 현재의 삶이 어두운 만큼 미래의 삶도 어둡다. 현재가 '헬조선(희망이 안 보이는 한국 사회를 지옥에 빗댄 표현)'인데, 미래가 갑자기 장밋빛일 수는 없다. 미래는 현재의 연장이다. 어쩌면 미래가 현재보다 더 어두울지 모르겠다. 현재의 위기에 새로운 위기가 더해질 테니까.

이제, 여러분이 미래를 준비해야 한다.

모두가 경쟁의 무대에서 승자가 되려고 한다. 안타깝게도 주인공의 의자는 일인용이다. 주인공이 아니면 어떤가. 비록 스포

트라이트는 못 받아도, 관객이든 조연이든 각자의 자리에서 저마다 행복하면 그만이다. 주인공이 아니더라도 모두가 행복할 수 있는 미래를 고민하자. 너희가 미래다.

너희들의 미래 보고서

1

저출산의 덫

됐고! 저출산 원인이 뭐라고 생각해?

글쎄, 다들 아이 낳고 키우기 힘들어서 그런 거 아냐?

맘마?

그렇지. 하지만 단지 그뿐일까?

아니겠지. 그러니까 삼촌을 깨웠지.

멀리 가지 말고 날 봐. 왜 아직 결혼을 못 했겠어?

그야 뻔하지. 여자 친구가 없어서?

 그건 부정할 수 없는 사실이지. 하지만 여자 친구가 있으면 뭐해? 누가 나 같은 백수랑 결혼하겠어?

 하긴 결혼하려면 돈이 필요하고, 돈을 벌려면 일을 해야지. 아이고, 우리 삼촌 어떡하면 좋냐……

 결혼을 해도 아이를 낳고 키우는 게 힘드니, 누가 아이를 낳겠어?

 맞아, 아이를 낳으면 여자들은 경력 단절되기 일쑤잖아. 내 친구 아람이 엄마도, 지홍이 엄마도 그렇고 말이야.

그리고 보면 누나는 정말 대단해. 아직도 일하고 있잖아. 내가 널 키우는 거나 다름없지만.

나는 엄마처럼 살 자신 없는데……

저출산이 뭐야?

뉴스를 통해 자주 듣는 저출산! 저출산은 출산율이 낮다는 건데, 도대체 얼마나 낮기에 그러는 거야? 출산율이 낮다고 나라가 어떻게 되겠어?

"아기의 울음소리가 이렇게 아름다울 줄 몰랐어."

아기 울음소리가 들리지 않는 세상. 아기가 태어나지 않자 희망도 미래도 사라졌다. 미래가 없는 세상이다 보니 텔레비전에선 편히 죽게 해 준다는 자살약 광고가 버젓이 흘러나온다. 더 이상 생명이 태어나지 않는 세상은 멸종을 향해 달려간다.

그러던 어느 날 기적처럼 아기가 태어나고, 그 아기를 차지하기 위해 정부군과 반군이 격렬한 전투를 벌인다. 총알과 포탄이 빗발치는 전투 현장에 갑자기 울려 퍼지는 아기 울음소리. 누군가 '사격 중지'를 외치자 군인들이 일제히 총질을 멈추고 아기 울음소리에 귀 기울인다.

모세의 기적처럼 군인들이 양쪽으로 갈라져 길을 내어 주고, 아기를 품에 안은 엄마가 그 길을 유유히 걸어간다. 영화 〈칠드런 오브 맨〉(2006)의 한 장면이다.

'한국인이 일본인보다 먼저 멸종한다.'

2015년 미국 브루킹스 연구소가 내놓은 전망이다. 마지막 한국인은 2750년에 사망하고, 마지막 일본인은 3011년에 태어난다는 예측이다. 현재의 출산율을 방치했을 때의 결과다.

이미 2006년에 옥스퍼드 대학 인구 문제 연구소의 데이비드 콜먼 교수는 한국이 세계 최저 출산율을 유지할 경우 인구 감소로 소멸하는 첫 번째 나라가 될 거라고 경고했다. 이러한 경고에도 불구하고, 달라진 것은 없다. 2006년 출산율은 1.123명이었고, 2016년 출산율은 1.172명이었다. 한국은 멸종을 향해 줄기차게 달려가고 있다.

'대체 출산율'이라는 게 있다. 현재 수준의 인구를 유지하기 위

출생아 수 및 합계 출산율

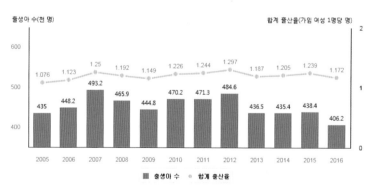

출처 : 통계청

저출산의 덫

한 최소 출산율을 말한다. 2.1명이다. 왜 2.1명일까? 한 국가 안에서 모든 남녀가 결혼한다고 가정한다면, 남녀 두 사람이 결혼해서 두 사람을 낳아야 현재 인구가 그대로 유지된다. 그런데 현실에서는 결혼하지 않는 사람도 있고, 아이가 질병이나 사고로 죽기도 한다. 또 일부는 이민을 가기도 한다. 그래서 0.1명을 더해 2.1명이다. 우리나라는 1983년에 출산율이 2.1명 이하로 떨어졌다. 그 후 출산율은 계속 낮아져 1.3명 이하로 떨어진 게 2001년이다. 2005년에는 1.076명까지 떨어졌다. 정리하자면, 출산율은 1983년 이후 35년 넘게 2.1명을 밑돌고 2001년 이후 20여 년 가까이 1.3명을 회복하지 못하고 있다. 세계 어느 나라에서도 유례를 찾기 어려운 현상이다.

전 세계에서 유례를 찾기 힘든 현상이 하나 더 있다. 한국의 기대 수명은 1970년 62.27년에서 2013년 81.36년으로 상승했다. 이 기간에 한국의 기대 수명은 세계 98위에서 14위로 급상승했다. 의료 기술 및 보건 의료 서비스가 발달하면서 기대 수명이 높아지고 저출산으로 유소년 인구가 감소하면서 고령화를 부추기고 있다.

국제 연합(UN)의 분류 기준에 따르면 전체 인구 중 65세 이상 비율이 7% 이상이면 '고령화 사회(aging society)', 14% 이상이면 '고령 사회(aged society)', 20%를 넘으면 '초고령 사회(super-aged society)'로 구분한다. 고령화 사회는 나이 들어가고 있다는 뜻을, 고령 사회는 이미 나이 들었다는 뜻을, 초고령 사회는 지나치게 나이 들었다는 뜻을 담고 있다.

한국의 고령화 진행 속도는 엄청나게 빠르다.

한국은 2018년에 65세 이상 비율이 14%에 도달해 고령 사회에 진입했고, 2026년에는 그 비율이 20.8%까지 올라가 초고령 사회가 될 것이다. 이런 추세라면 2000년에 고령화 사회에 진입한 이후에 불과 18년 만에 고령 사회로, 다시 8년 만에 초고령 사회로 진입하는 것이다. 100년 뒤에 노령 인구는 전체 인구의 40%에 이를 것으로 전망된다. 고령화 사회에서 고령 사회로 넘어가는 데

기대 수명

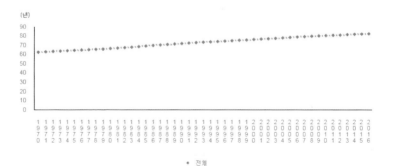

● 전체

출처 : 통계청

저출산의 덫

연령 계층별 인구 구성비

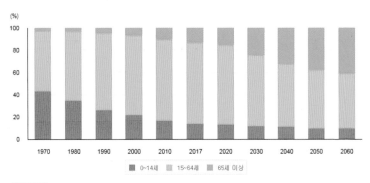

출처 : 통계청

독일은 40년, 영국은 47년, 미국은 73년, 프랑스는 115년이 걸렸다. 한국 사회는 급속히 노화가 진행되는 조로증을 앓고 있다.

인구가 줄어드는 것이 왜 문제일까?

인구가 줄어든다고 무슨 문제가 생기겠어?
인구가 줄면 대학도 쉽게 가고 취직도 잘되지 않을까?

초등학생 100명이 있는 마을이 있다. 학교 건물, 시설, 교사 등이 모두 100명에 맞춰져 있다. 그런데 학생 수가 갑자기 100명에서 10명으로 줄어든다면 어떻게 될까? 학교 건물은 텅텅 비게 되고, 교사들도 남아돈다. 100명의 학생에 맞춰진 교사 수를 학생 10명에도 그대로 유지하긴 어렵다. 교사를 줄여야 한다. 결국 인구 감소로 일자리가 줄어들고 실업자는 증가한다. 빈 교실과 빈 집이 늘어난다.

처음부터 인구가 적은 나라라면 크게 상관없을지 모른다. 문제는 인구가 많다가 줄어드는 경우다. 인구 감소는 소비 감소를 뜻한다. 기업은 상품을 만들어서 외국에도 팔지만, 국내에서도 판다. 이를 '내수'라고 부른다. 한국을 대표하는 기업들이 처음부터 글로벌 기업이었던 건 아니다. 대개 내수 시장을 기반으로 성장해서 세계로 진출했다. 비유하자면, 국내에서 뜨지 못한 연예인이 월드 스타가 되긴 어렵다. 세계적인 스타가 되려면 먼저 국내에서 입지를 다져야 한다. 기업도 마찬가지다. 국내 시장 판매를 통해 기술력과 자본력을 기른 뒤에 세계 시장으로 나가야 성공 가능성이 높다. 그런데 인구가 줄면 내수 시장이 쪼그라든다. 적절한 시장 규모를 유지하기 위해서는 적정한 인구가 필수다. 인구가 바로 소비자다. 소비가 늘어야 돈이 순환하고 경제가 돌아간다. 소비 촉진 → 내수 활성화 → 투자 증가 → 일자리 확대, 이것이 경제가 돌아가는 원리이다.

올더스 헉슬리가 쓴 『멋진 신세계』에서는 과학 기술이 모든 것을 통제하고 조종하는 신세계가 등장한다. 인공 수정된 사람은 부화기로 옮겨져 길러지고, 심지어 수명조차 60세로 통제된다. 그러나 이러한 멋진 신세계에서도 어쩌지 못하는 것이 하나 있다. 바로 소비다. 사람들에게 '고쳐 쓰는 것보다 버리는 것이 낫다', '꿰매 입을수록 돈은 줄어든다'와 같은 구호를 주입해 소비하도록 세뇌하는 이유도 체제의 존립을 위협하는 최대의 적이 소비 감소이기 때문이다.

지금까지 우리는 인구 보너스의 시대를 살았다. 자고 일어나면 인구가 늘어나 있었다. 늘어난 인구가 경제에 활력을 불어넣었고, 덕분에 경제가 성장했다. 늘어난 인구가 생산 활동에 참여해서 소득을 얻고 그 소득을 가지고 소비한 덕분에 경제가 활발하게 성장했던 것이다.

이제 우리는 인구 마이너스 시대를 살게 된다.

인구 마이너스 시대는 위태로운 벼랑과 같다. 생산 가능 인구가 가파른 낭떠러지처럼 뚝 떨어지는 인구 절벽은 소비 절벽으로 이어지고, 결국 국내 경기와 일자리 전반에 나쁜 영향을 미친다. 빵집, 식당, 미용실, 치킨 가게 등 대다수 자영업자와 국내 기업이 큰 타격을 입게 된다. 소비가 줄면 자연스레 일자리도 준다.

누구도 피해 가지 못해

인구가 줄면 경제가 안 좋아지는 건 알겠어. 그렇게 되더라도 능력이 있으면 되지 않나? 아무리 경제가 어려워도 능력 있는 사람은 잘살 테니까 말이야.

인구 감소로 노인들을 돌보는 일이 심각한 사회 문제로 떠오를 것이다. 지금도 노인들이 처한 상황은 매우 열악하다. 전 국민 소득을 나열했을 때 한가운데에 있는 사람의 소득을 A라고 하자. 그 A의 절반 이하를 버는 노인의 비율을 '노인 빈곤율'이라고 한다. 2015년 기준으로, 우리나라 65세 이상 노인 빈곤율이 49.6%에 달한다. 2명 중 1명이 빈곤에 시달리고 있다. OECD* 평균은

12.6%이다. 노인 빈곤율이 OECD 평균보다 무려 4배에 달하는 상황이다.

OECD는 경제 협력 개발 기구(Organization for Economic Cooperation and Development)의 줄임말이다. 경제적으로 잘사는 나라들이 회원국으로 가입되어 있어 일명 '선진국 클럽'으로 불린다. 한국은 1996년에 가입했다. 어떤 분야의 수준을 평가할 때 흔히 OECD 평균이나 순위 등을 따지는 경우가 많다.

노인들은 노후 준비가 안된 상태에서 수입이 줄었고 수명은 늘었다. 그러다 보니 많은 노인들이 나이 들어서도 일해야 한다. 2014년 들어 50대 이상인 사람들이 전체 노동 시장에서 차지하는 비중이 처음으로 20~30대를 넘어섰다. 장수가 축복이 아니라 근심이자 고통인 셈이다.

노인들의 일자리는 대부분 경비원, 청소부, 주차 관리인 같은 임시직에 한정돼 있다. OECD에 따르면 한국의 65세 이상 근로자 중에서 무려 61.85%가 임시직으로 일한다. OECD 평균은 19.53%에 불과하다. 임시직도 얻지 못한 노인들은 폐지를 줍는다. 하루 종일 폐지를 주워도 하루에 3000~5000원밖에 못 번다. 일하는 노인이 급속하게 늘어나는 이유는 50대 이상의 인구가 증가하고 퇴직이 빨라지기 때문이다. 그러나 부실한 사회 안전망도 큰 이유 가운데 하나이다. 빈곤·노후·질병 같은 사회적 위험으로부터 국민을 보호하는 제도적 장치가 크게 부족한 탓에 나이 들어서도 일할 수밖에 없다.

노인을 누가 부양하나?

젊은 세대가 부양한다. 이 젊은 세대를 '생산 가능 인구'라고 부른다. 생산 가능 인구가 중요한 이유는 이들이 경제 활동을 가장 활발하게 하기 때문이다. 한때 우리나라의 생산 가능 인구는 한 해에 70만 명씩 늘어나기도 했다. 2011년만 해도 38만 명이 늘어났다. 그런데 생산 가능 인구는 2020년부터 점점 감소한다. 2020년에 3727만 명이었던 생산 가능 인구가 2045년에는 2772만 명이 될 것으로 예상되고 있다. 부양을 받을 사람은 늘어나고 부양을 책임질 사람은 줄어드는 것이다.

앞서 언급했듯이 100년 뒤에는 전체 인구에서 노령 인구가 차지하는 비중이 40%에 달하게 된다. 반면에 부양을 책임지는 생산 가능 인구는 대폭 줄어든다. 부양 부담이 엄청나게 커지는 것이다. 생산 가능 인구 100명이 부양하는 인구는 2015년 37명에서 2060년 101명으로 늘어난다. 100명이 101명의 고령자와 유소년을 먹여 살려야 한다. 부양할 인구 중 노년층만 따져 봐도, 2015년

17.5명에서 2060년 82.6명으로 무려 4.5배나 늘어날 것으로 예상된다. 고작 30년 뒤에 완전히 바뀔 세상의 모습이다.

여러분이 짊어져야 할 부담은 그만큼 커진다. 누구도 예외일수 없다. 잘사는 사람은 잘사는 대로, 못사는 사람은 못사는 사람대로 각자 재산과 소득에 따라 부담해야 한다. 노인을 부양하는부담을 낮추기 위해서라도 적절한 인구가 꼭 필요하다.

정부는 뭐하는 거지?

출산율은 낮고 고령화는 빠르게 진행되고……. 정말 문제가 심각하네. 정부는 대체 뭐하는 거야?

우리 정부가 가만히 있었던 건 아니다. 10년 넘게 천문학적인 예산이 투입되었다. 그런데도 출산율은 좀처럼 나아질 기미가 보이지 않는다.

저출산은 언제부터 시작됐을까? 1960년대에 정부가 인구 증가를 억제하는 목적으로 급하게 추진한 산아(아이를 낳음) 제한 정책이 원인이라고 말하기도 한다. 출산율이 6명이던 1962년에 시작된 산아 제한 정책은 1.57명까지 떨어진 1996년에서야 중단되었다.

2005년이 되어서야 처음으로 저출산·고령화 1차 대책이 마련되었다. 정부는 출산율을 높이기 위해 2006년 이후 거의 100조 원이 넘는 어마어마한 돈을 쏟아부었다. 그런데도 출산율은 오르지 않고 있다. 왜 그럴까? 정부의 재정 지원이 출산에만 집중되어 있기 때문이다.

사실 출산 비용보다 더 큰 부담이 양육비와 교육비다.

보건 복지부가 2011년에 내놓은 「2011년 저출산·고령화에 대한 국민 인식 조사」에 따르면, 저출산의 주요 원인이 '자녀 양육비·교육비 부담(60.2%)'과 '소득·고용의 불안정(23.9%)'으로 조사되었다. 또 애를 낳더라도 적게 낳으려는 이유로 '경제적 부담(76.9%)' 및 '자녀 출산 및 양육을 배려하는 사회적 분위기의 미흡(70.7%)'을 들고 있는 점은 시사하는 바가 크다. 2012년 보건사회연구원 발표에 따르면 아이 1명을 대학까지 보내려면 평균 3억 896만 원이 든다고 한다.

사실, '소득·고용의 불안정'과 '자녀 양육비·교육비 부담'은 서로 밀접히 연결되어 있다. 고용이 안정되고 소득이 많다면 양육비·교육비 부담도 적을 테니까 말이다. 양육비·교육비는 소득과 고용이 불안정하면 감당하기 어려운 부담이 된다. 이처럼 두 가지 이유는 동전의 양면처럼 맞물려 있다.

'소득·고용의 불안정'이 정확히 뭘까? 고용 불안정이란 쉽게 말해 회사에서 언제 잘릴지 알 수 없는 상태를 뜻한다. 일정한 계약 기간 만료 후 재계약이 성사되면 계속 일할 수 있고, 그렇지 않으면 일을 그만둬야 하는 처지라면 고용이 불안정한 것이다. 비정규직*이 대표적이다. 2016년 기준 비정규직은 700만 명에 육박한다.

비정규직은 크게 세 가지로 말할 수 있다.
첫째는 계약 기간이다. 쉽게 말해 정년이 보장되지 않는
것이다. 일용직, 임시직, 계약직 등이 여기에 속한다.
둘째는 노동 시간이다. 아르바이트나 파트타임이 여기에
속한다.
셋째는 소속이다. 직접 고용된 회사에서 일하면 정규직
이지만, 다른 회사에서 파견되거나 용역 회사 소속이면
비정규직이다.

비정규직은 고용이 불안정하다. 계약 기간이 끝나면 잘릴지 모른다. 정규직과 같은 일을 하는데도 정규직보다 고용이 불안정하다면, 임금을 더 받는 게 정당할지 모른다. 고용이 불안한 대신 말이다. 그러나 현실은 정반대다. 비정규직의 임금은 정규직의 임금보다 훨씬 적다. 게다가 2001년 이후 비정규직의 실질 임금은 연 1% 정도밖에 오르지 않았다.

비정규직은 정규직과 비교해서 여러 면에서 부당한 대우를 받는다. 가장 큰 차별은 역시 임금이다. 벨기에, 프랑스, 이탈리아, 룩셈부르크에서는 비정규직도 정규직과 시간당 동일 임금을 받는다. 반면에 우리나라에서는 같은 직장에서 비슷한 일을 하는데도, 임금은 차이가 크다. 비정규직의 임금은 정규직 대비 50~60% 수준에 불과하다. 게다가 비정규직은 건강 보험, 고용

저출산의 덫

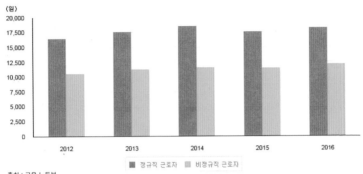

정규직과 비정규직의 시간당 임금 총액

(원)

출처 : 고용 노동부
정규직 근로자 비정규직 근로자

보험, 국민연금과 같은 사회 보험 가입률이 30~40%에 불과하다.
정규직은 80~90%가 사회 보험에 가입되어 혜택을 받고 있다. 더
불어 보너스, 경력 계발, 사내 복지 등에서도 차이가 크다.

700만 명의 비정규직, 실질 임금 1% 상승

이것이 의미하는 게 뭘까? 아이를 낳는 일은 그저 임신하고 출
산하는 것으로 끝나지 않는다. 당연히 아이를 어떻게 키울지 고민
해야 한다. 불안정한 생활을 하면서 애를 낳아 키우기는 쉽지 않
다. 출산을 피하는 이유는 애 낳는 것에 대한 두려움보다 애를 키
우는 것에 대한 두려움 탓이 크다.

비정규직은 미래를 긍정적으로 예측하고 계획하지 못한다. 불

안한 고용, 낮은 임금 등에다가 주거도 불안정하다. 벌이가 적고, 일정하지 않으면 주거가 안정되기 어렵다. 도저히 안정된 삶을 꿈꿀 수 없는 환경이다.

 저출산 문제는 해결하는 데 시간이 걸리잖아? 해외 이민자들을 적극적으로 받아들이면 인구 문제가 빨리 해결되지 않을까?

삼성경제연구소도 줄어드는 생산 가능 인구 문제를 해결하기 위해 2050년까지 1159만 명의 이민자를 수용해야 한다고 제안한다. 사회적 합의만 있으면 당장 이민자를 대폭 받아들일 수도 있다. 그러나 이것은 근본적 해결책이 아니다. 아이를 낳기 어려운 사회 구조가 변하지 않는 이상 한국에 이민 온 외국인들도 시간이 흐르면 똑같이 출산하지 않으려 할 것이다.

더 근본적인 해결책이 필요하다. 비정규직을 줄이고 복지와 사회 안전망을 늘려야 한다. 미래가 불안하고 두려우면 아이를 갖기 어렵다. 아니, 결혼 자체가 힘들다. 결혼을 하더라도 출산을 최대한 늦추게 된다. 저출산 문제를 해결하려면 무엇보다 미래에 대한 불안과 두려움을 없애 주어야 한다. 미래가 없는 사람에게 아이는 사치다.

우리에겐 미래가 없다.

비유가 아니다. 아이들이 없는 세상은 미래가 없는 세상이다. 미래를 꿈꾸지 못해 아이를 못 낳고, 아기 울음소리가 줄어들수록 미래도 사라진다. 미래(未來)는 '아직 오지 않다'는 뜻이다. 아무리 절망적인 미래라도 아직 오지 않은 시간이기에 티끌 같은 희망을 걸어 볼 수 있지 않을까? 미래는 먼 데 있지 않다. 우리가 발 디디고 사는 지금이 미래의 씨앗이다. 우리가 발 딛고 서 있는 이곳이 미래의 터전이다. 그러니까 티끌 같은 희망은 지금 이곳에서 일궈야 한다. 현재가 미래다.

저출산의 덫

너희들의 미래 보고서

2

저성장의 늪

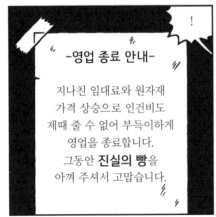

아니, 이럴 수가!

왜? 또 무슨 일이야?

내가 좋아하던 떡볶이 가게도 망했나 봐!

정말? 떡볶이 가게는 개업한 지 몇 달 되지 않았는데……

이게 뭐야? 말도 안 돼!

말도 안 되지. 진실 씨 빵이 얼마나 맛있었는데……

대체 뭐가 문제일까? 빵집이나 떡볶이 가게 모두 손님이 적지 않았는데 말이야.

주변을 둘러봐. 이 좁은 골목에 빵집이랑 떡볶이 가게가 도대체 몇 개야? 하나, 둘, 셋……

그러고 보니 비슷한 가게가 많네? 왜 이런 거지?

왜 이렇긴. 좋은 일자리가 적으니까 다들 가게를 차려서 그렇지. 근데 저성장 시대라 장사도 잘 안되는 거야.

저성장 시대? 아, 몰라. 배고파 죽겠다. 일단 먹고 얘기해야 할 것 같아. 삼촌, 뭐 먹을까?

나도 몰라……

진실 씨, 어디 있어요? 보고 싶어요.

저성장이 뭐야?

왜 경제가 점점 안 좋아지는 거지? 내가 커서 취업할 때 쯤이면 경제가 좋아질까? 설마 계속 나쁘진 않겠지?

"2017년 한국 경제는 장기 저성장 국면에 본격적으로 돌입한다."

2016년에 경제추격연구소에서 나온 발표다. 1970~80년대 한국은 연평균 9.6%의 경제 성장을 이뤘다. 고도성장기였다. 그러나 IMF 외환 위기를 거치면서 상황이 달라졌다. 2011년 이후 경제 성장률이 3% 수준으로 떨어지면서 저성장 시대가 시작되었다.

'3포 세대'라는 말도 이때 나왔다. 연애, 결혼, 출산을 포기한 세대다. 이후 주택 마련, 인간관계까지 포기한 '5포 세대'가 등장했고, 여기에 취업, 희망, 꿈 등 청춘이 누려야 할 많은 것을 포기한 'N포 세대'까지 등장했다.

고도성장과 저성장을 100명의 마을에 빗대서 설명해 보자. 100명이 사는 마을이 있다. 마을에는 빵집이 하나 있다. 마을 사람들이 모두 가난했을 때는 빵을 자주 사 먹을 수 없어서 빵집이 아주 작았다. 점원도 1명밖에 없었다. 그러다 마을 사람들이 점점 잘살게 되면서 빵을 더 많이 사 먹게 되었다. 빵집도 커져 직원이 10명이나 되었다.

그야말로 비약적인 성장이다. 이런 성장기에는 빵집을 차리면 거의 다 잘된다. 다른 장사도 마찬가지다. 투자하면 대부분 성공한다. 그만큼 성공의 기회가 많다.

그런데 어느 순간부터 빵 판매량이 더 이상 늘지 않는다. 그럴 수밖에 없다. 사람들이 아무리 잘살게 되더라도 하루에 먹을 수 있는 빵의 양은 한계가 있다. 마을 인구가 빠르게 증가하지 않는 한, 빵 판매량은 더 이상 가파르게 늘지 않는다. 빵 판매가 갑자기 줄어드는 건 아니지 않냐고? 맞다. 늘어난 판매량이 갑자기 떨어지는 것도 아니다. 문제는 빵 판매량이 늘면서 빵집도 덩달아 늘어났다는 점이다. 빵집 주인들은 치열한 생존 경쟁을 벌여야 한다. 이것이 바로 고도성장과 저성장의 차이이다.

고도성장기에는 경제가 뻥튀기처럼 커진다. 덕분에 일자리가 비약적으로 늘어나면서 일자리 걱정이 별로 없다. 반면에 저성장기에는 일자리가 늘어나지 않으면서 많은 사람이 일자리 걱정에 시달리게 된다.

우리 현실을 보자. 고도성장기(1970년~1997년 이전)에는 대학을 나오면 어렵지 않게 일자리를 구했다. 월급이 좀 오르면 아파트를 청약하고, 이후 평수를 늘려 가며 살았다. 그러다가 50대 중,

후반에 퇴직해서 퇴직금으로 살았다. 설사 노후 자금이 부족해도 살고 있는 집을 처분해 생활비를 마련할 수 있었다. 기대 수명도 지금보다 길지 않아서 퇴직 후 10~20년을 더 살다가 자연스레 삶을 마감했다.

저성장기에는 전혀 다른 삶의 패턴이 펼쳐진다.

학교를 졸업해도 일자리 구하기가 쉽지 않다. 고학력자는 늘었는데, 일자리는 늘지 않는다. 일자리 자체도 매우 불안정하다. 취업자 3명 중 1명은 비정규직이다. 퇴직 시기는 과거보다 훨씬 빨라진다. 그래서 노후 준비를 제대로 못하고, 늙어서도 노동 시장을 떠나지 못한다. 고도성장기에 가파르게 오른 주택 가격 탓에 내 집 마련이 어렵고, 따라서 보유한 주택을 팔아서 노후 자금을 마련하는 것도 불가능하다. 극소수를 제외하면 부모의 지원 없이 주택을 장만하기는 매우 힘들다. 고시원, 옥탑방, 반지하 등 집이 아니라 방에 사는 '큐브 생활자*'가 넘쳐 난다.[3]

주택 이야기를 좀 더 해 보자. 경기도 분당 서현동 우성 아파트에 처음 입주를 시작한 게 1991년이다. 당시 32평 아파트 가격이 5166만 원이었다. 24년이 지난 2015년, 같은 아파트의 가격은 5억

---

3) 박해천, 『아파트 게임』, 휴머니스트 참고

큐브 생활자란?

2010년 기준으로 1인 최저 주거 기준인 14m², 즉 4평 미만에 거주하는 사람을 말한다. 큐브 생활자는 약 499만 명이나 되며 이중 19~34세의 청년이 111만 명이다.

8000만 원이다. 1991년 2인 이상 도시 가구 평균 소득은 98만 원이었고, 2015년에는 340만 원이다. 1991년에 평균 소득의 취업자가 이 아파트를 사려면 4년 이상 한 푼도 쓰지 않고 모아야 했다. 월급의 절반을 모은다면 8.6년이 걸렸다. 2015년에는 입주 24년이 지난 낡은 아파트를 사려 해도 14년 이상 한 푼도 쓰지 않고 모아야 한다. 마찬가지로 월급의 절반을 모으면 무려 28.4년이 걸린다. 아들 세대의 삶이다.[4]

고도성장기에는 창업이 만발했다. 무슨 사업이든 성공할 가능성이 높았다. 그러나 저성장기에 창업은 망하는 지름길이다. 퇴직금에 그동안 모아 둔 돈을 보태 의욕적으로 장사를 시작해 보지만 쫄딱 망하기 일쑤다. 주변 사람들은 준비가 부족했다고 말한다.

정말 준비가 부족했던 탓일까? 우리나라 취업자 중 자영업자

---

4) 이원재, 『아버지의 나라, 아들의 나라』, 어크로스 참고

| 고도성장기 | 저성장기 |

가 차지하는 비중이 2017년 기준으로 25.4%이다. OECD 평균은 15%대이다. 자영업자가 많다 보니 경쟁이 치열할 수밖에 없다. 장사하는 사람 아무나 붙잡고 물어봐도 힘들다고 하소연하기 마련이다. 자영업자가 이렇게 많으니 여유 자금이 넉넉하고 웬만큼 준비하지 않는다면 누구라도 버틸 재간이 없다.

고도성장기에는 어디에 투자하든 손해 보는 일이 적었다. 은행 금리, 즉 이자가 15%를 넘나들던 시절이 있었다. 금리가 왜 이렇게 높았을까? 이유는 단순하다. 돈이 궁했기 때문이다. 성장률이 높은 시기에는 기업들이 공장을 키우고 직원을 늘리는 등 투자를 많이 한다. 투자금은 은행에서 빌려 온다. 돈을 쓰려는 곳이 더 많기 때문에 은행은 기업에 높은 대출 이자를 매기는 게 가능하다. 그 혜택은 은행에 돈을 맡긴 고객에게 돌아간다. 고성장 → 고투자 → 고금리 → 고저축의 흐름이다. 당시에는 집이든 땅이든 사두면 무조건 올랐다. 그야말로 황금기였다. 성장의 황금기, 투자의 황금기, 창업의 황금기였다.

그러다가 2000~2010년대 들어 경제 성장률이 연평균 2~3%로 떨어진다. 대학을 나와도 취업이 안된다. 취업에 실패한 청년들은 인턴과 아르바이트를 전전한다. 안정되고 좋은 일자리가 부족하고 불안정한 일자리가 넘친다. 취업을 못한 청년들에게 연애와 결혼은 사치다. 집 장만은 아예 꿈도 못 꾼다.

저성장의 늪

심지어 청년들은 취업 때문에 졸업을 미루기도 한다. 이런저런 이유로 졸업을 미루는 대학생이 10명 중 4명이나 된다. 한 무리의 청년들은 공무원 시험에만 매달린다. 도전, 모험, 패기, 진취, 그런 단어들이 청년의 삶에서 증발한 지 오래다.

그런데도 일부 어른들은 자식 세대를 향해 왜 취업을 못하냐며 꾸짖는다. 고도성장과 저성장이 깊고 거대한 골짜기를 사이에 두고 갈라져 있는데, 고도성장기 쪽에 서서 반대편에 있는 자식 세대를 나무라기만 하는 게 맞을까? 그런 꾸지람은 그때는 맞고 지

금은 틀리다. 취업이든 내 집 마련이든 열심히만 하면 이루어졌던 세상은 20세기 후반에 끝났다.세상은 이미 완전히 달라졌는데, 세상이 바뀐 사실을 모르거나 모른 척하는 것이다. 태평양 전쟁이 끝난 줄도 모른 채 괌 정글에서 28년간 숨어 지냈다는 어느 일본군 패잔병이 떠오른다.

저성장 계속되면 어떤 일이 벌어질까?

앞으로도 저성장이 계속되는 거야? 내가 어른이 됐을 때 도대체 어떤 일이 벌어지는 거야? 걱정이네, 정말.

어떤 정치인들은 선거 때만 되면 일자리를 만들겠다고 큰소리 친다. 정부가 직접 만들 수 있는 공무원이나 공기업, 공공 기관, 혹은 정부 지원을 받는 사회적 기업 등의 일자리가 아니라면 다 빈말이다. 경제 성장률이 오르지 않기 때문이다.

역대 정권들의 경제 성장률을 보자. 10.3%(박정희), 10.0%(전두환), 8.7%(노태우), 7.4%(김영삼), 5.1%(김대중), 4.5%(노무현), 3.2%(이명박), 2.9%(박근혜)로 경제 성장률은 계속 떨어졌다. 전체적으로

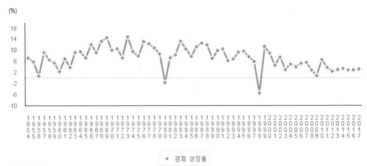

경제 성장률

(%)

18
14
10
6
2
-2
-6
-10

출처 : 한국은행

◆ 경제 성장률

하향 곡선을 그리고 있다. 이건 누가 경제를 잘 운영하느냐의 문제가 아니다. 정권마다 차이는 있지만, 예외 없이 어느 정권이든 이전 정권보다 떨어지고 있다. 저성장 시대가 오는 것이다.

왜 이렇게 경제 성장률이 떨어지는 걸까?

경제가 커질수록 성장률은 둔화되기 마련이다. 쉬운 이해를 위해 단순화하면 이렇다. 10에서 11이 되면 10% 성장한 거지만 100에서 101이 되면 1% 성장한 것이다. 늘어난 양은 똑같이 1이지만, 경제 규모에 따라서 늘어난 비율은 달라진다. 경제 성장률도 마찬가지다. 늘어난 절대량이 중요한 게 아니라 어떤 규모에서 어느 정도 늘어나는지가 더 중요하다.

고도성장기 초반의 높은 성장률은 소비가 늘어나 오른 것이다.

하루에 빵을 한 개 먹던 사람이 두세 개를 먹으면 성장률은 금세 오른다. 국민 다수가 학교 교육을 6년 받다가 12년 받게 되어도 성장률은 오른다. 빵은 재화에, 교육은 서비스에 속한다. 재화와 서비스가 늘어나면 경제는 성장한다.

그렇다면 빵을 풍족히 먹고 교육도 충분히 받게 된다면 어떻게 될까? 빵과 교육에 대한 소비가 더 이상 늘지 않으므로 성장률은 떨어질까? 그때도 성장률은 확 떨어지지 않고 어느 정도 유지된다. 빵을 하루에 100개씩 먹을 수도 없고, 교육을 100년씩 받을 수도 없는데 말이다.

왜 그럴까? 소비하는 재화와 서비스 양이 똑같더라도, 질이 향상되면 성장률이 올라가기 때문이다. 가령 싸구려 밀로 만든 저렴한 빵만 먹다가 맛있고 건강에 좋은 유기농 밀로 만든 빵을 먹으면 질이 높아진 것이다. 또 한 교실에서 70명이 수업을 듣다가 20명이 수업을 듣는다면 교육의 질이 개선된 것이다. 이처럼 상품과 서비스의 질이 높아져도 성장률이 오른다.

저성장은 세계적인 흐름이 되고 있다. 2008년 세계 금융 위기 이후 세계 경제 성장률은 3%로 떨어졌다. 미국에서 시작된 금융 위기는 전 세계로 파급돼 세계 금융 위기를 초래했다. 세계 금융 위기 이후 저성장의 한파가 전 세계에 들이닥쳤다.

일시적인 저성장 국면은 과거에도 있었다. 하지만 지금은 세계의 주요 국가들의 경기가 전반적으로 침체되면서 저성장이 한동안 이어질 것으로 예상된다. 유럽의 재정 위기가 오랫동안 이어지며 경기 회복을 장담하기 어렵고, 미국은 경기 회복기에 들어섰다고 하지만 금융 위기 이전과 비교하면 저성장 흐름을 이어가고 있다. 고도성장기를 누렸던 중국 역시 성장세가 점차 둔화하고 있다.

OECD는 2031~2050년간 한국의 잠재 성장률을 1.0%대로 전망하고 있다. 이는 미국·유럽·일본 등 주요 선진국은 물론이고 전 세계 평균보다 낮은 수준이다. 저성장 국면에 접어들면 기업은 투자를 줄인다. 기업이 투자를 줄일수록 은행 금리는 떨어진다. 기업은 필요한 투자금을 은행으로부터 빌린다. 투자를 줄인다는 것은 은행에서 빌리는 돈이 감소한다는 뜻이다. 은행은 기업에 돈을 빌려주고 이자를 받아 예금한 고객에게 나눠 줘야 하는데, 줄 돈이 줄어든다. 기업 투자가 줄수록 예금 금리가 떨어지는 이유다.

경제 성장률은 경제 규모가 커지는 비율이다. 쉽게 말해 공장이 많아지고 거래가 늘어난다고 생각하면 된다. 빵집에서 손님 100명에게 빵을 팔다가 1000명에게 빵을 판다면 거래량이 그만큼 늘어난 것이다. 손님이 100명일 때 점원이 1명이라면 손님이 1000명으로 많아지면 점원도 그만큼 늘어나야 한다.

거래량이 많을수록 경제가 활발해지고, 경제가 활발할수록 일자리가 늘어난다고 보면 된다. 경제 성장이 둔화되면 일자리는 그만큼 늘어나지 않는다. 투자가 감소하면 고용은 당연히 줄어든다. 저성장은 일자리 창출에 치명적이다. 새로운 일자리가 줄어들수록 청년 실업은 악화된다.

일자리가 줄어들고 미래에 대한 불확실성이 커지면 덩달아 소비도 감소한다. 소비 부진은 저물가를 부추길 수 있다. 소비, 즉 수요가 줄어들수록 상품 가격은 떨어진다. 이것들이 모여 전체 물가를 끌어내린다. 저성장 → 투자 감소 → 일자리·소득 감소 → 소비 부진 → 저성장. 저성장이 굴리는 악순환의 수레바퀴다.

저성장은 양극화와 저출산에도 나쁜 영향을 준다. 저성장으로 인한 일자리 감소와 소득 악화는 못사는 사람을 더 못살게 만든다. 그래서 잘사는 사람과 못사는 사람이 양극으로 갈리는 양극화가 심화된다. 계층 상승의 사다리가 끊어진 탓에 저소득층은 중산층을 거쳐 고소득층으로 올라가지 못한다.

일자리가 줄어들고 소득이 악화되면 출산율도 오르기 어렵다. 저성장이 저출산을 부르고, 저출산이 다시 저성장을 부추기는 꼴이다. 지금까지 인구 증가는 성장률을 뒷받침하는 중요한 요인이었다. 조만간 그 요인이 사라지고 만다. 그렇지 않아도 성장률이 떨어지는 상황에서, 인구 감소는 상황을 더욱 악화시킬 것이다.

저성장의 늪

어떻게 해야 할까?

아이고, 저성장 문제가 심각하네. 인구가 줄어드는 상황에서 저성장까지 겹치면 어떻게 되는 거지? 내 일자리는 어떻게 되는 거야? 우리가 할 수 있는 일이 전혀 없을까?

일자리는 늘 부족하다.

'고용 없는 성장'은 어제오늘의 일이 아니다. 한국 사회에서 무엇보다 중요한 게 일자리이다. 특히, 선진국들과 비교해 사회 서비스 분야의 일자리가 부족하다. 사회 서비스란 시민의 삶의 질을 향상하기 위해 사회적으로 꼭 필요한 복지 서비스를 말한다. 보육, 교육, 보건, 의료, 간병, 노인 돌봄 등이 대표적이다.

보육, 보건처럼 사람들이 복지의 혜택을 직접 체감할 수 있는 분야는 상대적으로 임금 수준이 낮다. 어린이집 보육 교사 평균 월급은 국공립 210만 원, 민간 163만 원 수준이다. 또 아이돌봄 서비스 종사자 2만 명의 시급은 2018년 7800원에 불과하다. 임금이나 처우 등 노동 환경이 개선되면 지금보다 많은 사람들이 사회 서비스 분야로 진출할 것이다. 보육 분야의 복지 서비스가 좋아지면, 그 혜택은 아이를 돌봐야 할 여성들에게 돌아간다. 즉, 사회 서비스가 확대되면 여성 인력의 사회 참여도 훨씬 늘어날 수 있다. 실제로 사회 서비스가 잘 갖춰진 북유럽의 경우, 여성의 경제 활동 참가율이 전 세계에서 가장 높다. 사회 서비스 확대가 저출산에 따른 노동력 부족 문제를 해결할 대안이 될 수도 있다.

사회 서비스의 확대는 지나치게 많은 자영업자 규모를 줄이는 데도 도움을 줄 수 있다. 우리나라 자영업 시장이 과도하게 포화 상태이다 보니, 가게 100곳 중 1년 이내 문을 닫는 곳이 18곳이고, 3년 이내 문을 닫는 곳이 46곳이나 된다. 포화 상태인 탓에 폐업률도 높고 소득도 적다. 우리나라 자영업자는 특히 고령자가 많다. 한국의 퇴직 연령은 53~55세로 주요 선진국 퇴직 연령인 59~63.7세보다 훨씬 낮다. 퇴직 연령은 낮아졌는데 노후 준비와 사회 보장은 미비하기 때문에 55세 이상의 퇴직자들이 다시 자영업에 뛰어들거나 비정규직으로 나서는 실정이다. 50대 취업자 3명 중 1명이 자영업자다. 선진국에 비해 상대적으로 부족한 사회 서비스 분야로 퇴직자들이 재취업할 수 있다면 어떨까? 자영업 시장에도 숨통이 트이고, 퇴직자들도 안정된 수입을 얻을 수 있지 않을까?

우리나라 사회 서비스 일자리는 늘어날 여력이 충분하다. 1인당 국민 소득이 1만 8천 달러였을 때 사회 복지 서비스 취업자 비중은 핀란드가 26.6%, 영국이 21.2%, 뉴질랜드가 20.5%였다. 반면에 한국은 12.7%에 불과했다. 복지 선진국들의 국민 소득이 우리와 비슷했을 때 수준으로만 사회 서비스 일자리를 늘려도 보육, 보건, 의료 분야 등에서 최소 200만 개의 일자리를 만들 수 있다고 한다.

여성, 노인, 장애인 등 사회적 약자들에게 더 많은 일자리를 주면, 일자리 문제뿐만 아니라 복지 문제도 자연스레 해소되지 않을까? 노동 참여로 취약 계층의 삶이 나아지고, 더 나아가 사회 서비스를 제공 받는 이들의 삶도 나아질 수 있다. 사회 서비스 확대는 일자리 정책인 동시에 그 자체로 훌륭한 복지 정책인 셈이다.

사회 서비스에 종사하는 취약 계층에게도 더없는 복지가 아닐 수 없다. 스스로 일해서 돈을 벌 수 있다면 국가의 지원 없이도 살아갈 수 있다. 일자리 없는 사람에게 일자리는 최고의 복지다. 게다가 사회 서비스 분야에서 소득을 올린 사람들과 사회 서비스를 제공 받고 여윳돈이 생긴 사람들이 소비를 늘리면 내수 증진에도 도움이 된다. 그런 의미에서 사회 서비스 확대는 우리 경제에 활력을 불어넣을 수 있다. 저성장으로 새로운 돌파구가 필요한 우리나라에 하나의 대안이 될 수 있다.

우리는 모두 처음 가 보는 길 앞에 서 있다.
새로운 미래를 대비하기 위해 기술 개발과 혁신이 어느 때보다 중요한 시기다. 기술이든 경제 시스템이든, 혁신하려면 도전 정신이 필요하다. 그런데 한국 사회는 도전 정신이 부족하다. 무엇이 도전을 가로막을까?

2015년 한국무역협회의 '한·중·일 3국 대학(원)생 창업 인식' 조사에 따르면, 한국과 중국은 진로 희망 분야에서 큰 차이를 보였다. 한국은 창업 6.1%, 취업 78.8%인 반면에 중국은 창업 40.8%, 취업 38.5%이었다. 한국 학생들은 대체로 실패에 대한 위험 부담 때문에 창업을 기피하는 것으로 드러났다.

한국 청년들은 도전과 모험을 두려워하고, 과감한 도전보다 공무원처럼 안정적인 일자리만 찾는다. 그 바탕에는 실패했을 때 손 내밀지 않는 사회가 있다. 실업자의 생계 보호와 재취업 지원, 창업 실패 후 재기할 수 있는 금융 지원이나 신용 불량자가 되지 않도록 하는 제도적 장치 등이 필요하다.

한국 사회에서 실패의 쓴 잔은 개인이 혼자서 마셔야 한다. 대신 마셔 줄 사람도, 함께 마셔 줄 사람도 없다. 이런 사회에서 개인은 위험을 감수하며 도전하지 않는다. 바보가 아닌 이상 미치지 않고서야 도전하기 어렵다.

'불안은 영혼을 잠식한다'라는 아랍의 속담이 있다. 미래의 불안이 현재를 잠식하는 한국 사회에 꼭 맞는 속담이다. 미래에 대한 불안이 현재를 즐길 여유도, 젊은이다운 패기와 도전 정신도

갉아먹고 있다. 삶의 안전판이 있어야 한다. 다시 일어설 수 있는 최소한의 발판이 필요하다.

튼튼하고 촘촘한 사회 안전망을 만들어 누구나 안심하고 과감히 도전할 수 있도록 해야 한다. 사회 안전망은 실업, 질병, 빈곤, 노후, 산업 재해, 자연재해 등의 사회적 위험에서 국민을 지키는 제도적 장치다. 사회 안전망은 공사장에 친 그물망과 같다. 공사장의 그물망은 인부가 추락하더라도 크게 다치거나 죽는 것을 막는 안전장치다. 마찬가지로 사회 안전망은 실업, 질병, 재해 등 불행이 닥쳐 삶의 궤도에서 이탈한 사람들이 맨땅에 무방비로 튕기는 걸 막아 준다.

너희들의 미래 보고서

3

인공 지능과 로봇화

마리 씨는 가상의 인물이야.

그게 무슨 말이야?

그런 앱이 있어.

삼촌, 그동안 많이 외로웠구나.

미안, 나는 그것도 모르고……

그런 거 아니야. 그냥 재미 삼아 시작했는데, 질투까지 할 줄 몰랐어.

마리 씨는 인공 지능이야?

그렇지. 진짜 사람 같아.

인공 지능이 질투까지 할 정도로 발달했다면 곧 새로운 세상이 되겠는걸?

그런데 그 새로운 세상이 꼭 밝지만은 않아. 인공 지능이 발달하면 그만큼 인간은 할 일이 없어질 테니까.

그럼 삼촌은 어떡해? 지금도 일이 없는데 말이야.

남의 일 같지? 네가 내 나이쯤 되면 인공 지능이 더 발달할 거야. 너도 어쩌면 나랑 같은 백수 신세? 흐흐.

에이, 설마……. 그때쯤이면 새로운 일자리가 생기겠지. 인공 지능이 끝내 대체할 수 없는 분야도 있을 거고.

과연 그럴까?

저출산, 저성장에 인공 지능까지……. 앞으로 또 어떤 일이 일어날까? 정말 걱정이네.

글쎄다.

인공 지능이 뭐야?

 요즘 인공 지능에 대한 뉴스가 자주 나오네. 인공 지능은 뭐지? 또 인공 지능이 발달하면 어떻게 된다는 걸까?

2011년 퀴즈 쇼에서 인간 퀴즈 왕을 꺾은 IBM의 컴퓨터 '왓슨', 2014년 기계가 인간처럼 지능을 가졌는지 확인하는 튜링 테스트를 최초로 통과한 인공 지능 '유진 구스트만', 2015년 다르파 재난 구조 로봇 대회에서 여덟 개의 임무를 44분 만에 완수해 우승한 카이스트의 휴머노이드 로봇 '휴보', 2016년과 2017년 연이어 인간 바둑 고수를 꺾은 인공 지능 '알파고'. 최근 몇 년 사이에 로봇과 인공 지능 기술이 비약적으로 발전하고 있다.

인공 지능이 갑자기 빠르게 발전하게 된 건 '빅데이터'와 '딥러닝' 덕분이다.

'빅데이터'란 디지털 환경에서 만들어지는 방대한 양의 데이터를 말한다. 많은 사람이 이용하는 페이스북 같은 SNS의 데이터이다. '딥러닝'은 컴퓨터가 사람처럼 생각하고 배우도록 만드는 기술이다. 마치 인간이 대상을 구분하듯, 인공 지능이 수많은 데이터 속에서 일정한 패턴을 찾아내, 데이터를 분류하도록 하는 방식이다. 빅데이터를 토대로 딥러닝이 가능해지면서 인공 지능은 빠르게 발전하고 있다.

기존에는 인공 지능에게 '강아지는 어떠어떠한 동물이다'라는 일정한 개념에 맞춰서 강아지를 찾도록 했다. 그러다 보니 강아지에 대한 설명을 끝도 없이 해야 했고, 강아지의 모습이 조금만 달라져도 인식이 어려웠다. 반면에 딥러닝은 실제 강아지의 사례를 다양하게 학습해서 새 강아지를 인식하게 한다. 인간처럼 말이다.

인간이 강아지를 인식하는 과정을 떠올려 보자. 머릿속에 강아지에 대한 개념이나 정의를 담아 두고 강아지를 인식하는 사람은 없다. 실제 모습이든 사진이나 영상 속 모습이든 강아지의 모습을 접한 뒤에 이를 바탕으로 강아지를 인식한다. 페이스북 등에 널려 있는 수많은 강아지 사진은 인공 지능 입장에서 좋은 학습 자료다.

인공 지능은 디지털 환경에서 생성되고 축적된 방대한 데이터를 통해 수많은 사례를 학습해서 강아지를 인식하고 구분한다. 그러니까 열심히 SNS를 하는 우리가 인공 지능에게는 학습 도우미이자 자료 제공자인 셈이다. 이로써 사물을 알아보고 구분하기 어려웠던 인공 지능이 사물을 인식하기 시작했다.

빅데이터 덕분에 인공 지능은 사물 인식, 이미지 분류, 기계 번역 등의 분야에서 비약적으로 발전하고 있다. 심지어 인공 지능이 넘보기 어려웠던 창작 활동까지 영역을 넓히고 있다. 그림을 그리고, 작곡을 하며, 소설을 쓰는 인공 지능이 등장했다. 인공 지능 이미지 소프트웨어인 '딥드림'은 똑같은 사진을 여러 화가의 화풍으로 그려 낼 수 있다. 동일한 사진이 고흐의 화풍으로, 뭉크의 화풍으로, 피카소의 화풍으로 다양하게 변화한다. 물론 완벽한 창작은 아니다. 기존의 화풍을 변형하여 따라 하는 수준이라서 한계가 있지만, 어쨌든 다양한 분야에서 인공 지능이 비약적으로 발전하고 있는 건 사실이다.

4차 산업 혁명이라는 새로운 변화가 시작되고 있다.

영국에서 시작된 증기 기관 혁신을 1차 산업 혁명, 미국을 중심으로 한 대량 생산 시스템의 도입을 2차 산업 혁명, 1970년대부터 본격화된 정보 통신 기술 혁명을 3차 산업 혁명이라 부른다.

4차 산업 혁명은 인공 지능, 로봇 기술, 사물 인터넷, 빅데이터 활용 기술 등을 아우르는 산업 변화다. 핵심은 단연 인공 지능이다. 인공 지능을 필두로 하는 4차 산업 혁명은 사회와 산업 전반에 커다란 변화를 가져올 것이다.

인공 지능과 일자리가 관련이 있다고?

인공 지능이 발전하면 생활이 엄청 편리해질 것 같아.
가상 현실을 이용한 재미있는 게임도 많아지겠지?
4차 산업 혁명이 기대되기도 해.

"사람이 직접 운전하는 건 너무 위험해서 안 돼."

2004년 개봉한 SF 영화 〈아이, 로봇〉에 나오는 대사다. 2004년에 관객에게 웃음을 줬던 이 대사가 현실이 되고 있다. 전기 자동차 회사 테슬라의 최고 경영자 엘론 머스크는 이렇게 말한다.

"앞으로 사람이 차를 운전하는 것은 불법이 될 것이다."

인공 지능이 발전하면 수많은 변화가 생길 것이다. 인공 지능은 자율 주행 기능 등 다양한 분야에서 엄청난 변화를 몰고 올 전망이다. 하지만 그에 못지않게 부작용도 예상된다. 가장 심각한 문제는 일자리다.

인공 지능이 등장하면 가장 먼저 서비스업 일자리를 인공 지능이 상당수 대체할 것으로 전망된다. 왜 서비스업일까? 인공 지능이 서비스업에 적합해서가 아니라 서비스업 일자리가 많기 때문이다. OECD 국가들을 살펴보자. 이미 농업은 거의 기계가 대신

하고, 제조업 역시 상당 부분 기계가 담당하고 있다. 결국 사람이 가장 많이 일하는 분야가 서비스업이다. 서비스업 종사자에 판매원, 미용사 등만 있는 게 아니다. 의사, 변호사도 사실 서비스업 종사자다. 의료 서비스, 법률 서비스라고 한다. 도·소매, 음식, 숙박, 운수, 금융, 관광 분야가 다 서비스업이다. 국가가 국민에게 제공하는 국방, 치안, 행정도 일종의 서비스다.

컴퓨터와 관련된 IT 산업을 보자. IT 산업은 제조업일까, 서비스업일까? 둘 다이다. 흔히 하드웨어라고 말하는 것, 즉 컴퓨터 본체를 이루는 각종 기기를 만드는 산업은 IT 제조업이다. 반면에 컴퓨터의 운영 체제, 즉 윈도우와 같은 소프트웨어를 만드는 분야는 IT 서비스업이다. 이것만 봐도 서비스업이 굉장히 광범위하다는 걸 알 수 있다.

2016년에 삼성전자와 SK하이닉스는 19조 원을 회사에 투자했다. 그런데 새로 뽑은 직원은 고작 900명에 그쳤다. 200억 원을 투자할 때 직원을 1명만 뽑은 것이다. 자동화 때문에 제조업에서 새로운 일자리가 만들어지기 어려운 구조다.

자동화는 이미 낯선 개념이 아니다. 엘지디스플레이의 파주 P7 공장은 무인화 공정률이 100% 수준이다. 공정에 사람이 거의 필요하지 않다는 뜻이다. 2016년 세계 로봇 연맹(IFR) 발표에 따르면, 전 세계에서 로봇 밀도가 가장 높은 나라가 한국이다. 노동자만 명당 산업용 로봇 대수를 나타낸 로봇 밀도가 한국은 531대다. 2위 싱가포르는 398대, 3위 일본은 305대, 4위 독일은 301대다.

이미 오래전부터 기계는 인간을 대체해 왔다. 산업화 시대에도 기계화와 자동화로 인간의 일자리는 많이 줄었다. 다만 산업화 시대의 기계는 스스로 일하지 못했다. 인간이 없으면 기계가 돌아가지 않았다. 그래서 공장에 기계가 늘어나는 만큼 기계를 조작하는 인간도 많아졌다.

그렇다면 4차 산업 혁명 이후의 자동화는 과거와 어떻게 다를까? 산업화 시대의 자동화가 인간의 신체적 능력을 기계로 대체한 것이라면 이제는 신체적 능력뿐만 아니라 정신적 능력과 인지적 능력까지 대체하는 것이다. 공장에서 시작된 자동화 시스템은 조만간 집, 상점, 병원, 음식점, 심지어 전쟁터까지 확대될 것이다. 이세돌을 이긴 알파고처럼 인간의 뇌를 모방한 인공 신경망의 발전은 인간과 기계의 경계를 허물 것이다.

한국고용정보원의 2017년 발표에 따르면 2025년까지 국내 직업의 70.6%를 로봇과 인공 지능이 대체할 수 있다. 제조업과 육체 노동은 로봇으로 대체되고, 서비스업과 정신 노동은 인공 지능으로 대체된다. 의사, 약사, 변호사, 변리사, 회계사, 세무사, 은행원, 통·번역가, 금융 애널리스트 등 전문직 역시 대체가 예상된다.

영국 옥스퍼드 대학 경제학과 교수인 마이클 A. 오즈번과 칼

베네딕트 프레이가 2013년에 발표한 「고용의 미래 : 우리의 직업은 컴퓨터화에 얼마나 민감한가」라는 보고서는 상당히 비관적인 전망을 내놓는다. 미국과 영국의 주요 직업 702개를 대상으로 생존 가능성을 조사했다. 미국의 경우에 10~20년 이내에 운반직, 단순 생산직, 단순 서비스 종사직 등을 중심으로 무려 6400만 개의 일자리가 사라질 것으로 예측되었다. 전체 일자리의 47%에 달하는 규모다.

'앞으로 5년 안에 인공 지능 등의 발전으로 전 세계에서 일자리

710만 개가 사라진다.' 2016년 1월 발표된 다보스 포럼 보고서에 나온 내용이다. 미국 다빈치 연구소장 토머스 프레이도 2030년 까지 전 세계에서 일자리 20억 개가 사라질 것으로 내다봤다.

가장 먼저 위기에 처할 직업은 뭘까?

아마도 전화 판매원, 114 교환원과 같은 콜 센터 직원이나 단순 사무직일 것이다. 우리는 보통 기술이 발전해도 하루아침에 일자리가 사라지는 일은 없을 거라고 생각한다. 1000명이 일하는 콜 센터가 있다고 가정해 보자. 경제가 나빠져도 회사가 망하지 않는 이상 전원 해고는 하지 않을 것이다. 그러나 인간과 대화가 가능한 인공 지능이 등장하는 순간 1000명은 한순간에 0명이 될지도 모른다. 조만간 닥칠 미래다. 이미 인간과 대화가 가능한 음성 인식 AI 스피커가 구글, 아마존 등에서 출시되었다. 원하는 음악을 틀어 주거나 질문에 답하며 뉴스나 날씨를 알려 준다. 국내에서도 SK텔레콤의 'NUGU'와 KT의 '기가지니' 등이 출시되었다. 우리은행은 음성 인식 AI 뱅킹 서비스를 선보였다. 음성으로 계좌 조회, 이체 등이 가능한 서비스다.

운전사, 택배 기사 등도 인공 지능으로 대부분 대체될 것이다. 무인 자동차가 일반화되면 택시 자체가 사라질 가능성이 높다. 무인 택시 형태로 택시가 살아남더라도 택시 기사는 사라진다. 버스

기사도 마찬가지다. 무인 소형 비행기인 드론도 빠르게 발전하고 있다. 미국 인터넷 쇼핑몰 아마존은 드론 상품 배송을 계획 중이다. 2017년 드론을 활용한 무인 배송 실험에서 주문 뒤 물건을 받기까지 불과 13분밖에 안 걸렸다. 아마존은 보관, 포장, 수송 등 물류 관리에도 무인화에 앞장서고 있다. 20곳의 창고에서 창고 관리 로봇 '키바' 4만 5000대가 일하고 있다.

먼 미래가 아닌 지금도 벌어지고 있다.

전문직도 위험하긴 마찬가지다. 금융, 법률, 의료 등의 분야에서 인공 지능이 이미 활약 중이다. 2008년 세계 금융 위기가 발생한 이후에 미국의 금융 회사들은 슈퍼컴퓨터 도입을 늘렸다. 사실 인공 지능이 부상하기 전부터 증권사들은 컴퓨터 프로그램을 이용해 주식을 사고팔았다. 최근에는 인공 지능을 투자 자문, 투자 분석 등에도 활용하고 있다. 법률 서비스에도 인공 지능이 적용된다. 미국 법률 회사 베이커 앤드 호스테틀러는 변호사 업무의 30~40%를 차지하는 판례 분석을 AI를 통해 자동화했다.

유명 퀴즈 쇼에서 인간을 꺾고 우승해 주목 받은 인공 지능 왓슨은 현재 MD 앤더슨 암센터 등에서 암 진단에 활용되고 있다. 환자에 대한 정보와 최신 의학 저널 등을 분석해 몇 분 만에 암을 진단한다. 국내에서도 몇몇 병원에서 왓슨을 도입해 시범적으로

운용하고 있다. 약사도 사라질 가능성이 높다. 인공 지능 로봇이 처방전을 스캔해 조제하면 실수할 확률이 인간보다 적고, 의약품 전문 지식도 약사보다 더 잘 알기 때문이다. 미국의 5개 대학 병원에서 도입한 약사 로봇의 경우, 35만 건을 조제하는 동안 단 1건의 실수도 없었다. 국내에서는 삼성병원이 '아포데카 케모'라는 조제 로봇을 사용 중이다. 이 로봇은 조제가 까다롭고 위험한 항암 주사제를 조제한다.

미래의 일자리는 비관적이기만 할까?

아무 근심 없이 놀고먹는 삼촌이 부러울 때도 있어. 인공 지능이 발달하면 삼촌처럼 일하지 않는 사람이 더 많아질까? 일자리가 더 많아질까?

　로봇과 인공 지능의 발달로 일자리가 늘어난다고 주장하는 사람도 있다. 로봇과 인공 지능을 개발하는 일자리는 늘어날지 모른다. 그러나 로봇이 빼앗는 일자리가 훨씬 많을 것이다.

　18세기에 1차 산업 혁명이 일어나고 많은 사람이 어려움을 겪었다. 기계가 도입되면서 많은 수공업자들이 일자리를 잃었다.

그러자 기계 파괴 운동인 '러다이트 운동'이 일어났다. 분노에 찬 사람들이 공장을 습격해 기계를 때려 부쉈다. 그러나 러다이트 운동은 10년도 안돼 실패로 끝났고, 기계를 앞세운 근대 산업이 승리를 거뒀다. 다가오는 인공 지능 시대도 다르지 않을 것이다. 일자리 경쟁에서 인간은 인공 지능의 상대가 되지 못한다.

앞에서 언급했듯이 여러 기관과 전문가들이 인공 지능 때문에 일자리가 줄어들 거라고 한다. 미국 라이스 대학의 컴퓨터 과학자인 모셰 바르디는 2050년까지 전 세계 인구의 50% 이상이 일자리를 잃게 될 거라고 전망했다. 맥킨지 글로벌 연구소장 조녀선 워첼 역시 2050년에는 현재 존재하는 일자리의 60%는 기계로 대체되고 10%만 남을 것이며 나머지 30%는 직업의 이름은 같지만 하는 일은 전혀 다를 것이라고 예상한다. 더 비관적인 전망도 있다. 세계적인 경제학자 제러미 리프킨은 일자리를 가진 행운아가 2030년에는 인구의 30%, 2050년에는 5%에 불과할 것으로 예측한다. "모든 나라에서 노동자가 거의 필요치 않는 농장, 공장 및 사무실이 일반화될 것이다."[5]

자동화가 가능한 업무는 금방 사라질 것이다. 반면에 자동화가 어렵고, 몸과 마음을 섬세하게 사용하는 일자리는 살아남을

---

5) 제러미 리프킨, 『노동의 종말』, 민음사 참고

가능성이 있다.

"나는 새로운 세대의 생각하는 기계에 밀려난 최초의 지식 산업 노동자입니다. 퀴즈 쇼 참가는 컴퓨터 왓슨에게 밀려난 첫 일자리가 아닐까요? 내가 마지막은 아닐 것이라고 봅니다."

2011년 왓슨과의 퀴즈 대결에서 패한 켄 제닝스가 한 말이다. 켄 제닝스의 사례처럼 인공 지능은 분야를 가리지 않고 인간의 영역을 잠식할지 모른다.

로봇이 인간보다 똑똑해지면 인간은 무엇을 해야 할까?

새로운 것을 창조하는 직업은 앞으로도 살아남을 가능성이 높다. 작가, 예술가, 건축가, 디자이너, 소프트웨어 프로그래머 같은 직업 말이다. 물론 인공 지능도 창조할 수 있다. 예를 들어, 인공 지능 딥드림은 빈센트 반 고흐의 그림들을 데이터로 주면 입력된 풍경을 반 고흐 풍으로 그려 낸다. 인공 지능이 그림을 그리는 시대에 인간은 어떤 그림을 그릴 수 있을까? 더 이상 창작은 불가능할까? 그렇지는 않다. 인공 지능은 기존 데이터가 있어야만 작업이 가능하다. 여기에 착안한다면 기존의 데이터가 거의 없거나 적은 쪽에서 작업하면 된다. 독창성과 창의성이 더 중요해질 수밖에 없다. 그런데 우리 교육은 어떤가?

"한국의 학생들은 하루 15시간 동안 학교와 학원에서 미래에 필요하지 않을 지식과 존재하지도 않을 직업을 위해서 시간을 낭비하고 있다."

2008년 미래학자 앨빈 토플러가 한 말이다. 지금도 크게 달라지지 않은 것 같다. 지금 열심히 암기하는 지식은 거의 대부분 쓸모가 없어질지 모른다. 중요한 것은 지식이 아니라 창의성이다. 창의성을 키우려면 암기식 학습보다 놀이와 체험, 독서와 사색을 해야 한다.

인간의 마음이나 감성과 관련된 직업들은 살아남을 가능성이 높다. 노인 간병, 아이 보육, 심리 상담, 학생 상담 등이다. 사람을 정성스레 돌보는 일, 사람 사이에 사회적 상호 작용이 필요한 일, 내밀한 소통을 통해 공감하고 위로하는 일 등은 인공 지능이 하기 어렵다. 이런 업무에 요구되는 능력을 '사회적 지능'이라고 부른다. 사회적 지능은 다른 사람의 마음을 헤아리고 다른 사람과 관심사를 일치시키는 지적 능력이다. 인간의 거의 모든 중요한 특성은 사회적 지능과 관련된다. 공감, 신뢰, 배려, 협력, 연대 등은 모두 사회적 지능에서 비롯한다.

판사, 정치인, CEO 등 사회에서 중요한 판단을 하는 직업들은 건재할 것이다. 생산 활동이나 위험한 작업 등은 인공 지능이 할 수 있지만, 인간의 운명을 결정하는 일은 인간이 계속 맡을 것이다. 판사의 업무를 자동화할 순 있다. 법전과 판례 등을 완벽하게 숙지한 인공 지능이 판결하도록 하면 된다. 단순한 판결, 경범죄, 음주 운전, 경미한 교통사고 등은 인공 지능 판사에 맡길지도 모른다. 그러나 사람을 구속하거나 형량을 구형하는 중요한 판결은 인공 지능에 맡기지 않을 가능성이 높다. 정치인도 대체하기 어려운 직업이다. 인공 지능에 정치를 맡길지 법으로 정하는 주체가 정치인이기 때문이다. 결국 인간의 운명을 결정짓고 이해관계를 조정하고 갈등을 중재하는 역할은 최후까지 인간의 몫으로 남을 것이다. 인간이 인공 지능보다 잘해서가 아니라 인간의 자존심이 허락하지 않기 때문이다.

인공 지능의 발달과 자동화의 확대는 많은 일자리를 빼앗을 것이 분명하다. 산업 시대 이래로 기계가 사람의 일을 대신해 왔던 것처럼 정보화 시대에는 로봇과 첨단 기술이 일자리의 소멸을 가져올 것이다. 특히 단순 노동을 하는 저소득층의 피해가 클 것으로 보인다. 당장 일자리를 잃으면 소득이 없다. 즉, '노동 → 소득'의 연결 고리가 끊어지는 것이다. 그렇게 되면 생존 자체가 위협받는다. 이것이 진짜 문제다. 일자리를 잃는 건 소득을 잃는 것이고, 소득이 없으면 소비를 할 수 없어 생존이 어려워진다. 생존 불능의 시대가 오는 것이다. 개인에게 가장 절실한 문제는 생존이다. 물려받은 재산이 없는 사람에게 유일한 재산은 자신의 신체다. 노동력을 팔지 못하면 생존 자체가 어려워진다. 과거 불경기

에도 대부분의 사람들이 실직하는 경우는 일찍이 없었다. 앞으로 대량 실직은 커다란 사회 변화를 몰고 올 것이다. 비단 개인의 생존만 문제 되는 게 아니다. 기업도 안전하지 않다. 물건을 사 줄 사람이 없으면 기업이 살아남을 수 없다. 부자들이 있지 않냐고? 아무리 돈이 많아도 하루에 빵을 100개씩 사 먹을 수는 없다. 소비자가 사라지면 기업도 사라진다. 이것은 엄청난 변화이자 혁명이다. 지금도 진행 중이고 앞으로 더 격렬하게 진행될 일이지만, 우리는 별다른 대비를 하고 있지 않다.

과연 이런 충격을 감당할 수 있을까? 과학 기술이 생존을 가로막고 불평등을 심화한다면 현대판 러다이트가 일어날지 모른다.

인공 지능과 로봇화

너희들의 미래 보고서

4

모두가 행복한 사회

다녀왔습니다!

왔어?

엄마는?

누나는 오늘도 늦게 온대. 우리끼리 저녁 먹으래.

어? 아이오네?

아, 이 친구가 아이오였어? 몰랐네.

웬 잡지야? 삼촌이 산 거야?

아까 지하철 입구에서 샀어.

아, 노숙자들이 직접 판매한다는 잡지구나.

너도 '빅이슈'라는 잡지를 알고 있구나. 삼촌이 좋은 일 좀 하려고 샀지.

정말? 아이오 때문에 산 거 아니고? 그런데 함부로 도와주면 안 되는 거 아냐?

뭐?

어른들이 그러던데?
어려운 사람 자꾸 도와주면
게을러진다고. 스스로 일해서
일어서야 하는 거 아냐?

 그건 하나만 알고 둘은
모르는 소리야.

당장 빅이슈 판매하는 노숙자들도
가만히 앉아서 남의 도움을
바라는 게 아니야.

그럼?

빅이슈를 사면 자기가 정성껏 그린
그림을 나눠 주는 판매원도 있어.

그림을 왜 나눠
주는 거야?

 남의 도움 없이 스스로 할 수
있는 일을 하는 거지. 누구나
실패할 수 있어. 하지만 다시
일어설 수 있는 기회를 주는 게
중요해.

 **삶은 스케이트장 같은 것이다.
누구나 넘어진다.**

 그게 무슨 소리야?

<이웃집에 신이 산다>는 영화에 나온
대사야. 누구나 넘어질 수 있으니 다시
일어설 수 있도록 서로 돕자는 얘기
아닐까?

오, 멋진
말이네.

그런데 표지가
아이오 사진이
아니었어도 삼촌이
잡지를 샀을까?

사람을 뭘로 보고!
나는 오직
진실
씨뿐이거든!

GDP의 비밀

우리나라는 좋은 나라일까? 좋은 나라는 어떤 나라일까? 경제적으로 잘살면 좋은 나라일까? 아, 머릿속이 뒤죽박죽이야.

'GDP'는 우리말로 '국내 총생산'이라고 한다.

GDP는 국내에서 만들어진 최종 생산물의 시장 가격을 모두 더한 값이다. 최종 생산물이 뭘까? 농부가 밀 1포대를 생산해 만 원에 팔았다고 하자. 이것을 밀 판매상이 사다가 빵집 주인에게 1만 5000원에 되판다. 판매상에게 밀 1포대를 구입한 빵집 주인은 빵을 만들어 5만 원어치의 빵을 판다. 이때 빵집 주인이 만든 빵이 바로 최종 생산물이 된다. 이렇게 소비자에게 판매되는 마지막 상품을 최종 생산물이라고 한다. 이런 최종 생산물의 가격을 다 더하면 GDP가 된다. GDP는 일종의 경제 성적표다. 시험 성적표를 보고 지난 시험과 실력을 비교해 볼 수 있듯이 GDP를 보고 그 나라의 경제력을 비교해 볼 수 있다.

지금까지 한국 사회는 GDP 같은 경제 지표에 취해 살았다. 1인당 GDP가 얼마를 넘었다느니, 세계 몇 위에 들었다느니 하면서 가슴 벅차 했다. 잘사는 선진국을 부러워할 때도 그 지표들로 비교했다. 2016년 기준으로 한국의 GDP는 11위, 무역 규모는 9위에 달한다. 1인당 GDP는 2만 7000달러에 이른다. 1960년에는 100달러를 밑돌았으니까 56년 만에 GDP가 300배 가까이 늘어났다. 그렇다면 우리의 삶은 56년 전보다 300배 더 좋아졌을까? GDP가 아무리 늘어나도 우리의 삶이 나아지지 않는다면, 대체 무슨 소용이 있을까?

과거 여의도 정가에는 '정몽준 효과'라는 게 있었다. 우리나라의 국회 의원은 300명이다. 공직자윤리법에 따라 국회 의원들은 매년 재산을 공개한다. 그런데 정몽준이라는 사람이 국회 의원이 되느냐 안 되느냐에 따라서, 의원들의 평균 재산이 몇십억 원씩 오르내렸다고 한다. 정몽준 전 의원은 현대중공업의 대주주로, 보유한 주식 가치만 2조 원 가까이 된다. 생각해 보라. 2조 원의 재산을 가진 한 사람이 국회 의원이 되면 나머지 299명 국회 의원의 재산이 0원이어도 국회 의원 평균 재산이 70억 원으로 치솟는다. 이런 경우에 1인당 평균값*은 별 의미가 없다. 실제 국회 의원들의 평균 재산을 정확히 보여 주지 못하기 때문이다.

GDP도 마찬가지다. GDP가 늘어나도 소수의 재산만 불어난다면, 그런 경제 성장이 일반 시민의 삶에 무슨 도움이 될까? 정몽준 의원 때문에 국회 의원 평균 재산이 70억 원이 된다한들, 국회

평균값과 중간값을 구분할 필요가 있다. 평균값이 집단 전체의 평균을 가리킨다면, 중간값(중위값)은 집단의 정중앙에 위치한 값을 의미한다. 소득이 아예 없는 사람, 100만 원인 사람, 400만 원인 사람, 4500만 원인 사람, 1억 원인 사람, 이렇게 다섯 명으로 이루어진 나라가 있다고 해 보자.

이 나라의 평균 소득은 3000만 원이다. 실제로 한 명은 거지와 다름없고 또 다른 한 명은 100만 원밖에 못 벌지만, 이 나라의 평균 소득은 3000만 원이나 된다. 이처럼 평균값은 마치 이 나라 사람들이 모두 3000만 원이나 버는 듯한 착각을 불러일으킨다.

평균값이 가진 이런 맹점 때문에 중간값을 이용하기도 한다. 소득 통계에서도 이 중간값을 사용하는데 전체 집단을 소득 순으로 나열했을 때 한가운데에 있는 사람의 소득을 '중위 소득'이라고 한다. 다섯 명으로 이루어진 나라에서는 중위 소득이 400만 원이다.

의원들의 재산이 실제 늘어나는 건 아니다. 마찬가지로 GDP와 개인의 살림살이는 관련이 없는 건 아니지만, 생각보다 긴밀한 관계는 아니다.

들어가는 글에서 언급한 100명의 한국인을 떠올려 보자. 오직 한 사람만 부유해지는 성장이라면 나머지 99명은 들러리밖에 안 된다. 성장만을 강조하는 이들은 밀물이 들어오면 모든 배가 다같이 떠오른다고 말한다. 그러나 가난한 이들에게는 타고 다닐 배가 없다. 밀물이 들어오면 온몸이 젖는다. IMF 외환 위기 같은 위기가 찾아오면 급류에 휩쓸려 목숨을 잃게 된다.

"홍수가 나면 100명 중 단 1명만이 방주에 탈 수 있어. 나머지 99명은 가라앉아야 해."

미국 사회의 불평등 문제를 다룬 영화 〈라스트 홈〉(2016)에 나오는 대사다.

모두가 행복한 사회

경제 평론가 이원재는 『이상한 나라의 경제학』에서 GDP에 관한 흥미로운 사례를 제시한다. A, B 두 나라가 있다. A나라에서는 모든 집안일을 자기 가족이 전담한다. 다른 사람에게 집안일을 맡기면 불법이다. B나라는 정반대다. 집안일을 직접 하는 것이 불법이다. 무조건 다른 사람에게 돈을 주고 맡겨야 한다. 내가 다른 집의 가사 도우미로 일해서 받은 보수를 우리 집 가사 도우미에게 전부 쓰더라도 말이다.

다른 조건이 모두 같다면 어느 나라의 GDP가 더 높을까? GDP는 한 나라 안에서 일정한 기간, 보통 1년에 걸쳐 생산한 모든 물건과 서비스의 값을 더한 수치라고 했다. B나라는 A나라와 달리 가사 노동이라는 서비스가 가격으로 매겨진다. 수많은 가정에서 가사 도우미를 쓰면서 더 많은 거래가 일어나고, 그 결과 더 많은 소득이 발생한다. 따라서 B나라가 A나라보다 GDP가 높을 수밖에 없다.

질문을 바꿔 보겠다. 두 나라 중 어느 쪽이 더 행복할까? 다른 조건이 모두 같다면, 당연히 A나라 국민의 행복도가 B나라보다 더 높을 가능성이 크다. 자기 집 일을 하는 게 남의 집 일을 하는 것보다 더 힘이 나고 즐겁다. 내 아이의 밥을 직접 해 먹이는 일이 다른 집 아이의 밥을 해 먹이는 것보다 더 뿌듯할 수밖에 없다. 그러나 이런 것은 GDP에 전혀 반영되지 않는다. GDP는 B나라의 경제 규모가 A나라보다 더 크다는 사실만을 우리에게 말해 줄 뿐이다. 경제 성장이 정말 우리에게 행복을 가져다주는지 진지하게 고민해 봐야 한다.

2008년 2월, 사르코지 전 프랑스 대통령은 세계적인 경제학자들에게 GDP를 대체할 새로운 경제 지표를 개발해 달라고 요청했다. 삶의 질과 행복을 측정할 수 있는 지표를 새롭게 만들어 달라는 요청이었다.

여기에 참여한 미국 컬럼비아 대학의 조지프 스티글리츠 교수는 새로운 경제 지표는 분배가 얼마나 잘되는지, 특히 저소득층의 삶의 질이 얼마나 개선되는지에 초점을 맞춰야 한다고 했다. 성장의 규모나 수치가 중요한 게 아니라 성장의 결실을 얼마나 골고루 분배하는지가 더 중요하다는 뜻이다.

경제 성장 vs 시민 행복

행복이 중요하다는 거 인정해. 그런데 돈이 없어도 행복할까? 돈이 먼저일까, 행복이 먼저일까?

모두가 행복한 사회

우리는 지금까지 시민 행복보다 경제 성장을 우선시했다.

경제 성장 덕분에 가난에서 벗어나 물질적 풍요를 일궜지만, 그 과정에서 시민 행복이 희생되고 말았다. 짧은 시간에 세계가 깜짝 놀랄 만한 기적을 이뤘지만, 눈부신 기적은 어두운 그림자를 드리웠다. 긴 노동 시간과 700만 명에 이르는 비정규직은 줄어들 줄 모른다.

한국은 OECD 나라 중에서 멕시코 다음으로 노동 시간이 길다. 연간 2113시간이다. 30년 전 일본의 노동 시간인 2093시간보다 더 길다. 한국인은 심지어 중세 유럽의 농노보다 더 오래 일하고 있다. 농노는 연간 1620시간가량 일했다고 한다. 경제 성장과 물질적 풍요는 이뤘지만, 성장과 풍요를 발판 삼아 이뤄야 할 시민 행복에는 이르지 못하고 있다.

OECD 주요국의 임금 근로자 근로 시간

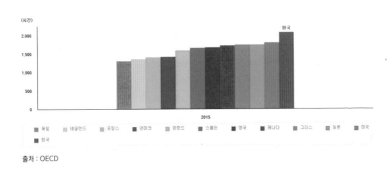

출처 : OECD

경제 성장 자체가 국가의 목적이 될 수는 없다. 경제 성장은 어디까지나 수단이다. 국가의 존재 이유이자 목적은 시민 행복에 있다. 경제 성장은 시민 행복의 기본 조건 중 하나인 물질적 풍요를 위해 필요할 뿐이다. 시민 행복과 경제 성장이 부딪치는 경우, 시민 행복에 정책의 우선 순위를 두어야 하는 이유다. 경제 성장을 이유로 시민 행복을 희생해서는 안 된다. 다시 말해, 경제 성장이 시민 행복을 저해할 때는 성장보다 행복에 방점을 찍어야 한다. 안타깝게도 지금까지 대한민국은 시민 행복보다 경제 성장에 더 관심을 기울였다. 그러다 보니 '더불어 잘사는' 협력적인 문화보다 '혼자만 잘사는' 경쟁주의적인 문화가 만연했고, 성장을 핑계 삼아 불평등과 양극화를 조장하는 제도가 사회에 기생했다.

물론 시민이 행복하려면 최소한의 물질적 조건이 갖춰져야 한다. 최저 생계도 불가능한데 행복을 이야기할 순 없다. 사회 전체에 물질적 조건이 두루 갖춰지도록 하되, 그것은 골고루 정의롭게 이뤄져야 한다. 공정한 소득 분배와 경제 정의는 시민 행복에 중요한 요소다.

OECD 나라 중에서 우리나라의 행복 지수는 낮다.

소득 때문일까? 2016년 기준으로, 한국의 GDP는 세계 11위다. 반면에 소득 불평등은 OECD 나라 중에서 미국 다음으로 심각하다. 소득이 적어서가 아니라 불평등해서 불행한 것이다. 시민 행복을 가로막는 큰 장애물은 불평등과 불공정함이다. 부의 대물림과 특권층의 특혜가 계층 상승을 방해할수록 사회 전체의 행복은 멀어진다. 양극화가 뿌리내린 토양에서 행복의 나무는 자라기 어렵다.

다시 말하지만, 경제 성장과 시민 행복은 양자택일의 관계가 아니다. 시민 행복을 위해서 경제 성장이 필요하지만, 그것은 공정한 소득 분배를 전제로 한 성장이다. 기업이 거둔 전체 소득에서 기업이 가져가는 몫 말고 노동자가 가져가는 부분의 비율을 노동 소득 분배율이라고 부른다. 몇십 년 동안 우리나라의 노동 소득 분배율은 떨어져 왔다. 국가 전체 소득에서 기업이 가져간 소득이 1990년 17%에서 2014년 25.1%로 늘어난 반면에 같은 기간 가계가 가져간 소득은 70.1%에서 61.9%로 줄었다.

소득 불평등이 성장을 가로막는다는 인식이 전 세계적으로 확산되고 있다. 스탠더드 앤드 푸어스라는 세계적인 신용 평가 회사가 있다. 신용 평가 회사는 투자 결정을 내릴 때 참고하는 기업 신용도 같은 기초 자료를 제공하는 기업이다. 이 회사에서 2014년 이례적인 보고서를 내놓았다. 미국의 소득 불평등이 경제 성장을 저해한다는 내용이었다. 기업의 신용과 안정성, 재무 건전성 등을 평가해서 제공하는 신용 평가 회사가 소득 불평등에 왜 관심을 갖는 걸까? 불평등이 금융 시장의 성장과 안정을 해칠 만큼 심각해졌다는 자각 때문이다.

소득 불평등을 해결할 방법은 없을까?

 오늘 엄마랑 아빠가 뉴스를 보시면서 티격태격했어. 아빠는 경제 성장이 먼저라고 말하고 엄마는 소득 불평등을 해결해야 한다고 했지. 도대체 누구 말이 맞는 거야?

성장론자들은 지나친 평등이 성장을 저해한다고 주장한다. 사람은 다소 불평등하다고 느낄 때 더 자극을 받아서 노력한다고 말한다. 성장론자들이 오랫동안 믿어 왔던 신화다. 하지만 평등보다 자유를 강조하는 미국에서조차 불평등이 심각한 사회 문제로 떠오르고 있다. 2014년 미국 연방 준비 은행 의장인 재닛 옐런은 부의 불평등이 100년 만에 가장 높은 수준에 근접했다고 지적했다.

2014년 OECD도 경제 성장의 최대 걸림돌로 소득 불평등을 지적하는 보고서를 내놓았다. 그 보고서에는 지속적이고 안정적인 경제 성장을 위해서 정부가 적극적으로 재분배 정책을 시행할 필요가 있다고 언급하고 있다. 전 세계적으로 양극화가 갈수록 심각해지고 있다. 한국도 예외가 아니다. 상위 10%의 소득은 1995년 29.2%였는데, 2010년 48.05%까지 높아졌다.

소득 불평등을 해결하려면 어떻게 해야 할까?

첫째는 1차 분배를 공정하게 하는 것이고, 둘째는 2차 분배를 공정하게 하는 것이다. 생산 활동에서 거둔 이익을 노동자에게 임금 등으로 나눠 주는 것이 1차 분배이다. 기업이 거둔 이익은 여러 곳에 배분된다. 노동자에게는 임금으로, 주식을 가진 주주에게는 배당금으로, 협력업체에는 대금으로 지급된다. 이것이 1차 분배다. 한국 경제는 1차 분배에서 심각한 문제를 드러내고 있다. 경제 성장률이 선진국보다 높지만 실질 임금은 제자리에 머물러 있다. 2007년부터 2013년까지 한국의 실질 임금은 연평균 3.5% 늘었다. 같은 기간에 노동 생산성은 연평균 10.9% 올랐다. 노동자가 매년 10%씩 물건을 더 만들었지만 그 대가로 받은 임금은 겨우 3.5% 정도 늘어난 셈이다. 쉽게 말해, 100만 원을 받는 노동자가 매년 10만 원어치씩 물건을 더 만들지만 월급은 고작 3만 5000원 늘었다고 보면 된다. 경제 성장의 과실이 성장에 기여한 사람들에게 제대로 돌아가지 않는 것이다.

소득 불평등을 해결하려면 최저 임금을 인상하고, 저임금 노동자들의 임금을 올려야 한다. 특히 정규직 대비 비정규직 임금을 끌어올려야 한다. 2019년 기준으로, 최저 임금은 시간당 8350원이다. 노동계에서는 최소 만 원으로 인상할 것을 요구하고 있다.

같은 공장, 같은 라인에서 자동차를 조립하는 두 명의 노동자를 생각해 보자. 업무도, 능력도, 나이도 비슷하지만 두 사람의 소속은 완전히 다르다. 노력한 정도나 능력은 얼추 비슷할지 모른다. 그런데 정규직이냐 비정규직이냐에 따라 둘의 격차는 엄청나게 크다. 비슷한 능력을 가진 사람이 비슷한 노력을 하면 비슷한 보상을 받아야 마땅하다. 그것이 공정한 분배다. 그런데 현실에서는 비슷한 능력으로 비슷한 기여를 해도 정규직이냐 비정규직이냐에 따라, 또 대기업이냐 중소기업이냐에 따라 임금과 처우가 크게 달라진다. 2016년 기준으로 비정규직은 정규직의 53.5%의 임금을 받는다. 정규직 대비 비정규직의 임금은 67.1%(2002년) → 64.5%(2007년) → 56.1%(2013년)로 계속 악화되었다.

2차 분배는 1차 분배를 하고 남은 몫을 국가가 세금, 사회 보험료 등으로 거둬서 다시 나눠 주는 것이다. 우리가 보통 '복지 정책'이라고 부르는 방법이다. 2차 분배는 경쟁에서 밀린 이들에게 삶의 안전판을 제공한다. 사회 안전망이 허술한 사회에서는 실직이든 사업 실패든 한 번 넘어지면 다시 일어서기 힘들다. 이런 사회는 창의성과도 거리가 멀다. 창의성은 하늘에서 뚝 떨어지는 게 아니라, 도전과 실패를 거듭하는 데서 나오기 때문이다. 앞에서 언급했듯이 4차 산업 혁명 시대에 살아남으려면 창의성이 절실히 요구되고, 그러기 위해서는 2차 분배가 중요하다.

세상이 달라지면 생각도 달라져야 해

4차 산업 혁명 시대가 되면 인공 지능에 밀려 많은 사람들이 일자리를 잃게 된다고 했지? 그러면 사람들은 월급을 못 받고 세금도 못 낼 텐데, 그래도 괜찮을까?

지금까지 우리의 상식은 일해서 소득을 얻는다는 것이었다.

그 상식을 버려야 할 때가 왔다. 이제 소득을 위해 노동하지 않고, 노동하지 않아도 소득을 얻는다고 생각할 필요가 있다.

'기본 소득'에 대해서 들어 본 적이 있을 것이다. '기본 소득'이란 모든 사람에게 조건 없이 주는 소득이다. 재산을 심사하거나 노동을 요구하지 않고 사회 구성원 모두에게 지급하는 것이 원칙이다. 묻지도 따지지도 않고 주는 소득인 셈이다. 말도 안 된다고 생각할 수도 있다. 하지만 이미 오래전부터 많은 사람이 제안하고 논의한 제도다. 현재는 유럽을 중심으로 활발하게 논의되고 있고, 우리나라에서도 2017년 대통령 선거를 앞두고 이재명 전

성남 시장이 제안했다. 오바마 전 미국 대통령도 기본 소득의 필요성을 지적했다. 오바마는 '인공 지능이 발전할수록 사회는 부유해지겠지만 일하는 만큼 번다는 생산과 분배의 관계는 약해질 것'이라고 주장하면서 기본 소득의 필요성을 제기했다.

비슷한 생각이 몇백 년 동안 면면이 이어져 왔다. 영국 출신의 계몽주의자 토머스 페인은 부자와 빈자를 가리지 않고 모든 성인에게 일시금으로 15파운드를 지급하고 이후에 연금을 주자는 급진적인 제안을 했다. 페인은 이렇게 제안했다.

"인간은 토지를 만들지 않았다. (…) 모든 토지 소유자는 그가 점유한 토지에 대한 지대*를 공동체에 빚지고 있다. 나는 이 지대로 국가 기금을 만들어 그 금액을 모든 사람들에게 지불할 것을 제안한다."

지대란?
토지로부터 얻는 이익을 뜻한다. 토지 사용자가 토지 사용의 대가로 토지 소유자에게 지급하는 비용을 말한다.

페인은 땅을 모두의 소유물로 보았다. 따라서 땅 주인을 포함해서 모두가 땅에서 거둔 수확에 대한 권리를 갖는다고 여겼다. 많은 경제학자들도 비슷한 제안을 했다. 대표적으로 노벨 경제학상을 수상한 제임스 미드는 '사회적 배당'을 제시하면서, 모든 사람에게 무조건적으로 기본 수입을 주자고 주장했다. 경제학자들은 크게 경제 활동의 자유, 즉 기업 경영의 자유를 더 강조하는 보수적 경제학자와 시장에 대한 견제, 즉 부의 공정한 분배를 더 강조하는 진보적 경제학자로 나눌 수 있는데, 기본 소득 논의는 보수와 진보를 가리지 않는다. 보수와 진보*라는 정치 이념과 상관없이 많은 경제학자들이 기본 소득 아이디어에 동조한 것이다.

우리는 마틴 루터 킹을 흑인 인권 운동가로 알고 있지만, 그가 죽기 직전까지 계획하고 공들였던 운동은 '빈자들의 행진(Poor People's Campaign)'이었다. 이 운동의 핵심 요구 사항은 흑인을 포함한 모든 미국인에게 기본 소득을 보장하는 것이었다. 킹 목사

보수와 진보란?
보수를 우파, 진보를 좌파라고 한다.
좌우 개념은 1789년 프랑스 혁명 당시 구체제를 무너뜨리고 소집된 국민 회의에서 의장석을 중심으로 보수 성향인 왕당파가 우측에, 개혁 성향인 공화파가 좌측에 앉았던 데서 유래한다. 우파는 기존의 사회 질서와 전통을 지켜 가면서 점진적, 부분적으로 문제를 해결하자는 쪽이다. 반면에 좌파는 잘못된 사회 구조를 확 뜯어고치자는 쪽이다. 어느 쪽이 무조건 좋다고 말할 수는 없다. 세상은 진보와 보수 두 바퀴로 굴러간다고 할 수 있다.

의 마지막 연설문에는 "오늘날 사람을 달에 보내는 세계 최고의 부자 나라에는 하느님의 자녀들을 지구상에 두 발로 서게 만들 만큼 충분한 돈이 있다."는 유명한 구절이 있다. 즉, 기본 소득을 보장할 만큼 충분한 돈이 미국에 있다는 것이다. 영국의 철학자 버트런드 러셀도 『자유로 가는 길』에서 모두에게, 더 정확히는 일할 의사가 있는 모두에게 생계에 충분한 소득을 주어야 한다고 주장했다. 이들 사상의 뿌리에는 어떤 생각이 깔려 있을까?

『성경』에는 '일하지 않는 자는 먹지도 말라'는 구절이 있다. 과연 일하지 않는 자가 누구일까? 부동산 임대업자가 거두는 임대 수익은 일의 대가일까? 시장에서 보상해 주지 않는 청소, 식사 준비 같은 가사 노동은 일이 아닐까? 현재의 경제 시스템 안에서 부동산 임대업자는 땀 흘려 일하지 않고도 고소득을 누리고 전업주부는 열심히 일해도 소득을 얻지 못한다. 가사 노동이라고 말하지만, 노동의 대가는 없다.

철학자 이반 일리치는 대가 없이 떠넘겨진 이런 노동을 '그림자 노동'으로 불렀다. 시장에서 임금이 지급되는 임금 노동은 그림자 노동 없이는 이뤄지기 어렵다. 쉽게 말해, 가사 노동이 뒷받침되지 않으면 노동자는 굶어야 한다. 매번 식당에서 사 먹을 수 있지만, 번거로울 뿐만 아니라 출근 시간에 여는 식당을 찾기도 어렵다. 노동자가 공장에 나가 열심히 일하려면 쾌적한 주거 공간에서 잘 먹고 잘 쉬어야 한다. 가사 노동 같은 그림자 노동이 뒷받침되어야 하는 것이다. 그렇다면 그림자 노동에 정당한 보상을 줘야 하지 않을까? 그러나 아무리 해도 티 하나 안 나는 가사 노동은 노동으로서 당당히 인정받지 못한다.

경제학자 자크 아탈리는 『인간적인 길』에서 노동의 의미를 새롭게 정의하고 있다. 전통적으로 노동이란 물건을 만들고 서비스를 제공하는 행위를 가리킨다. 그러나 병원에서 치료를 받고, 학교에서 교육을 받는 것도 넓게 보자면 노동이 될 수 있다. 누군가 진료를 받기에 의사가 돈을 벌고, 누군가 교육을 받기에 교사가

설거지하고 청소하느라 바빠 죽겠는데, 왜 날 보고 백수라고 하는 거야?

삼촌, 내가 좀 도와줄까?

봉급을 받는다. 이런 활동들도 생산 활동 못지않게 충분히 의미 있는 활동들 아닐까? 세상이 굴러가는 데 작지만 소중한 역할을 하기 때문이다. 로빈슨 크루소처럼 완전히 고립된 개인이 아니라면 누구나 다양한 방식으로 사회가 유지되도록 기여한다.

임금 노동이 아니라도 세상에는 가치 있고 의미 있는 활동이 아주 많다. 아동이나 노인을 돌보는 돌봄 노동, 가사 노동, 창작 활동, 정치 참여, 시민 운동, 봉사 활동, 지역 활동 등은 사회를 떠받치는 매우 중요한 일들이다. 다만 자본주의 사회에서 그 가치를 제대로 인정받거나 보상 받지 못한다. 노동의 범위를 임금 노동에서 사회에 대한 기여로 확대해서 이해하면 기본 소득에 훨씬 너그러워질 수 있다. 기본 소득은 사회에 꼭 필요하지만 제대로 보상 받지 못하는 활동들을 뒷받침하고 촉진하는 계기가 될 것이다. 기본 소득을 보장하면 그림자 노동도 인정받을 수 있고 가난한 예술가들은 생계 걱정을 덜고 창작 활동에 전념할 수 있다. 또한 기본 소득은 기후 등의 외부 요인이 크게 작용하는 농업 분야에서도 안정적인 생산 활동이 가능하도록 한다.

현재 기본 소득에 대한 논의가 가장 활발한 곳은 유럽이다. 핀란드는 국가 차원에서 기본 소득을 실험하고 있다. 실제로 지급하는 곳도 있다. 바로 알래스카다. 1982년부터 알래스카에서는 '영구 기금 배당'을 시행하고 있다. 알래스카에 1년 이상 거주

한 모든 사람에게 영구 기금에서 나온 수익을 균등하게 나눠 주는 제도다. 알래스카 주가 소유한 자연 자원의 판매에서 벌어들인 수익의 최소 25%를 적립해 영구 기금이 마련된다. 연간 2000~3000달러 안팎의 기본 소득이 외국인을 포함한 모두에게 똑같이 주어진다. 효과는 분명하다. 2002년 이전 10년간의 통계를 보면, 미국에서 상위 20% 가구의 소득이 26% 증가했고 하위 20% 가구의 소득이 12% 증가했다. 반면 같은 기간에 알래스카에서는 상위 20%의 소득이 7% 증가할 때 하위 20%의 소득은 28%나 증가했다.

기본 소득에 동의하든 동의하지 않든, 기술의 변화는 우리에게 생각의 전환을 요구하고 있다. 이제 노동 없이 소득도 없다는 고정 관념으로 경제를 유지하긴 어렵다.

인류는 19세기에 세 가지 중요한 노력을 했다.

첫째는 프랑스에서 시작된 공교육이다. 당시까지 대부분의 사람들이 글을 읽고 쓰지 못했다. 또 농사만 짓던 이들은 공장의 시간 개념에 적응하지 못했다. 이들을 데려다 공장에서 일을 시키려다 보니 어려움이 많았다. 학교 교육을 통해 기본 소양과 근대적 시간 개념을 가르친 배경이다. 둘째는 세금 제도를 바꿨다. 이전까지 나라의 수입은 농업에서 나왔다. 그런데 농업이 쇠퇴하고 공업이 커지자 기계에 대한 누진제 등을 만들어 세금 제도를 개편했다. 세금 체계를 농업 및 토지에서 공업, 상업 및 노동 소득으로 확대했다. 셋째는 사회 보장 제도, 즉 복지 제도를 만들었다. 노동 시장의 급속한 변화에 적응하지 못한 이들을 보호하는 복지 제도가 독일을 시작으로 생겨나기 시작했다.

이런 제도들 덕분에 1차 산업 혁명은 물론이고 2차 산업 혁명까지 무난하게 통과할 수 있었다. 그러나 인류는 4차 산업 혁명에 대해서는 별다른 대책이 없다. 4차 산업 혁명이 먼 미래의 일이 아니라 지금 벌어지고 있는 일인데도 말이다. 일자리 문제로만 본다면 4차 산업 혁명은 거대한 재앙이다. 아직 늦지 않았다. 과거의 인류가 놀라운 통찰과 과감한 전환을 통해 1차 산업 혁명의 파도를 잘 헤쳐 왔듯이, 우리도 새로운 관점과 과감한 개혁으로 4차 산업 혁명이 몰고 올 변화에 대비해야 한다.

바로 우리의 문제

애고, 머리 아파. 아직은 잘 모르겠어. 실업, 비정규직, 최저 임금, 기본 소득……. 나와 전혀 상관없는 것 같아.

여러분에게 이런 문제들은 많이 낯설고, 자기와 전혀 관계없는 일처럼 여겨질지 모른다. 그러나 결코 그렇지 않다. 노동 문제는 삶과 밀접히 맞닿아 있다. 앞서 언급한 99명과 1명을 떠올려 보자. 삼성전자 같은 대기업에 다니는 1명과 그렇지 못한 99명 말이다. 자신이 그 1명이 될 거라고 확신하나? 전교생이 300명인 학교에서 3등 안에 들기 어려운 것처럼, 그 1명이 되기도 어렵다. 대학을 졸업하면 여러분도 노동자로 살게 된다. 대기업에 인턴으로 들어가든, 비정규직으로 여러 회사를 전전하든, 노동 문제는 여러분의 발목을 잡을 것이다. 현재 추세라면, 여러분 가운데 절반 이상은 비정규직으로 살아가야 한다.

내가 좋아하는 수학 선생님은 기간제 교사이고, 우리 아파트 경비 아저씨는 계약직이고, 삼촌은 백수고…… 그럼 나는? 어른 되기 정말 두렵다.

열심히 노력해서 정규직이 되면 괜찮다고 생각할 수도 있다. 자기만 비정규직이 아니면 그만일까? 남의 불행이 나의 행복이라고 생각하지 않는다면 그럴 수 없을 것이다. 게다가 불행한 사람들로 넘치는 사회는 갈등이 심하고 치안이 불안할 수밖에 없다. 이런 상황에서 혼자만 행복하게 잘살기 어렵다. 우리 모두가 비정규직 문제에 관심을 가져야 할 이유다. 남의 일이 아니라 바로 우리 자신에 관한 일이다. 한때 정규직이었던 이들도 은퇴나 출산 이후 재취업할 땐 비정규직이 되기 쉽다. 정규직과 비정규직의 관계는 반대 관계가 아닌 선후 관계다. 비정규직은 정규직의 미래다.

최고의 시절이었고, 또 최악의 시절이었다. 지혜의 시대였고, 또한 어리석음의 시대였다. (…) 빛의 계절이었고, 또 어둠의 계절이었다. 희망의 봄이었고, 또 절망의 겨울이었다. 우리 앞에는 모든 것이 있었지만, 한편으로 아무것도 없었다. 우리 모두는 천국으로 가고자 했지만, 우리 모두 반대 방향으로 가고 있었다.

혁명의 시기를 그려 낸 소설 『두 도시 이야기』(1859)의 첫머리는 이렇게 시작한다. 마치 오늘의 우리를 묘사하는 듯하다. 우리 앞에는 모든 것이 있는 듯하지만, 한편으로 아무것도 없다. 한국은 존망의 갈림길에 서 있다. 인구 감소, 저성장, 인공 지능 등 긴 터널이 우리를 기다리고 있다. 터널 입구는 괴물의 아가리처럼 깊고 어둡다. 처음 가 보는 길 앞에서 누구나 두렵다. 두렵다고 가만히 있으면 괴물에게 잡아먹힌다. 두려움을 떨쳐 내고 행동에 나서야 한다. 우리 앞에 놓인 변화들은 지금까지 한 번도 경험하지 못한 것들이다. 그 문제들을 대하는 우리의 자세도 그래야 하지 않을까? 기존의 사고방식과 제도, 문화를 뛰어넘는 과감한 전환이 절실하다. 그것은 선택이 아닌 필수다. 대전환기가 눈앞에 와 있다.

나오는 글 :
미래의 나를 찾아가는 법

SF 영화 〈메이즈 러너〉(2014)에서 등장인물들은 이유를 모른 채 거대한 미로에 갇혀 있다. 그들은 미로에서 탈출하고 싶어 하지만 동시에 탈출을 망설인다. 미로의 입구를 지키는 괴물이 두렵기 때문이다. 미로를 벗어나는 순간, 죽음이 기다린다. 그것이 미로의 규칙이다. 그들은 미로의 규칙을 따르며 살아간다. 마치 오늘날 한국의 젊은이들 같다. 미로 같은 현실에 절망하지만, 미로를 부술 생각은 못한다.

2013년 한국투명성기구가 청렴성 조사 결과를 발표했다. '거짓말을 하거나 부패를 저지르는 사람과 그렇지 않은 사람 중 누가 더 성공할 것 같은가?'라는 질문에 15~30세의 51.9%가 거짓말을 하거나 부패를 저지른 사람을 꼽았다. '삼촌의 친구를 통해 좋은 회사나 학교에 들어갈 수 있다면 어떻게 하겠는가?'라는 질문에는 54.0%가 그렇게 하겠다고 답했다. 젊은 세대 역시 가랑비에 옷 젖듯이 편법과 반칙에 물들어 가고 있다. 세상이 잘못됐다고 생각하지만 세상을 바꾸는 일에는 주저하고 망설인다.

그렇다고 젊은 세대의 잘못이라는 건 아니다. 젊은 세대가 젊은이다운 패기와 용기를 잃은 건 그들 탓이 아니다. 청년 세대는 시대의 피해자다. 그들에겐 비빌 언덕이 없다. 젊은 세대가 겪는 어려움은 기성세대가 겪었던 어려움보다 훨씬 크고 복잡하다.

앞서 살펴본 것처럼 고도성장기와 저성장기의 상황이 다르다. 그러다 보니 취업, 성공, 결혼, 출산의 기회 등이 다를 수밖에 없다. 그런데도 1970~80년대 고도성장기에 사회에 진출한 기성세대는 젊은 세대에게 이렇게 말한다. "대체 뭐가 부족해서 취업이 안 돼? 우리 땐 안 그랬는데……." 당연하다. 기성세대가 대학을 갈 무렵에는 대학 진학률이 20%대였다. 지금은 70%를 넘는다. 대학 졸업자가 갈 만한 일자리가 그만큼 늘지 않았다면 취업이 어려울 수밖에 없다. 누누이 강조한 것처럼 경제 성장률은 갈수록 떨어지고, 일자리는 계속 줄어들고 있다.

대학 졸업자는 늘어나고 일자리는 줄어드는 진퇴양난이다. 부족한 자리에 사람들이 몰리다 보니 경쟁이 치열해진다. 높은 스펙을 자랑하는, 고만고만한 취업 지원자가 계속 늘어난다. 실력의 차이가 미미할 때 실력 이외의 요인이 작용하기 마련이다. 실력 이외의 요인을 다른 말로 '특권'이라 부른다. '한국 사회에서 성공하려면 필요한 게 무엇일까?' 1964년 《동아일보》 설문 조사에서는 실력(49%), 돈(26%), 인맥(18%)이었다. 2016년 같은 질문을 던지자 인맥(36.8%), 실력(33.8%), 돈(28.5%) 순으로 답했다. 혈연,

학연, 지연 등 인맥의 중요성이 과거보다 커졌다. 힘 있는 부모의 전화 한 통, 끌어 주는 동문 선배의 손길이 중요해진 거다.

스펙은 어떻게 쌓이나?『침이 고인다』라는 소설에서는 이렇게 설명한다. 소설에서 주인공의 이력서를 본 선배가 "이거야 원, 콘텐츠가 없어, 콘텐츠가⋯⋯."라며 혀를 찬다. 콘텐츠를 어떻게 만드냐는 주인공의 질문에 선배의 답은 간단하다.

"어떻게 만들긴, 돈으로 만들지."

필수적인 스펙 9가지를 '취업 9종 세트'라고 부른다. 학벌, 학점, 토익, 어학연수, 자격증, 공모전, 인턴, 사회봉사, 성형 수술 등이다. 모든 스펙이 돈을 먹고 자란다. 좋은 학벌은 사교육을 전제한다. 토익, 어학연수, 자격증, 성형 수술 등도 크고 작은 비용을 요구한다. 학점, 공모전, 인턴, 봉사 등은 다를까? 이것들도 시간적 여유가 없으면 못한다. 시간도 돈에서 나온다. 아르바이트를 하면 여유 시간을 확보하기가 어렵다.이제는 실업이 아닌 취업이 예외적인 상황이 되었다. 그 어느 때보다 진로 문제가 절실한 이유다. 인구 감소, 저성장, 인공 지능 등을 고려하지 않더라도, 진로는 여러분에게 중요한 문제임에 틀림없다.

진로를 결정할 때는 세 가지 요소를 따져 봐야 한다.

첫째 전망, 둘째 흥미, 셋째 적성. 세 가지 요인을 모두 충족하는 진로를 선택하는 것이 가장 좋다. 진로 선택에서 실패하는 경우는 전망, 흥미, 적성에서 모두 동떨어진 직업을 선택하는 것이다. 보수나 사회적 평판만을 고려해 진로를 선택하면 실패할 수 있다. 이런 경우 일하면서 행복감을 느끼기 어렵다.

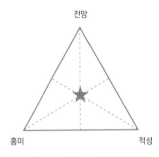

전망, 흥미, 적성을 모두 충족하는 경우   전망, 흥미, 적성에서 모두 동떨어진 경우

세 가지가 일치하는 지점에서 꿈을 찾는 게 가장 좋고 안전하다. 그러나 현실적으로 정확히 일치하는 지점을 찾기가 쉽지 않다. 결국은 어느 것을 취하고 나머지를 버리는 경우가 많다. 대부분의 부모님은 전망을 많이 따진다. 반면에 자녀는 흥미를 중시한다. 정답은 없다. 전망을 완전히 무시할 순 없다. 전망은 물살과 같다. 강물이 흐르는 방향으로 헤엄치면 속도를 내기 쉽고, 힘도 덜 든다. 그러나 연어처럼 물살을 거슬러 헤엄치려면 속도도 안 나고 힘도 배로 든다. 다만 전망은 불확실하고 가변적이다.

대학을 나와도 취업이 어렵다. 모두가 취업이 어려워도, 의사는 예외다. 의사 취업 준비생은 없다. 반면에 한의사 취업 준비생은 있다. 한의원이 포화 상태인데다 매출도 고전하는 탓이다. 한때 한의대가 의대 못지않은 인기를 누릴 정도로 한의사는 선망받는 직업이었다. 지금은 한의원 폐업률이 해마다 증가하는 추세다. 15년 전에 한의사의 처지가 이렇게 될 줄 누가 알았을까?

세상이 빠르게 변하고 있다. 전화가 등장해 사용자를 5000만 명으로 늘리는 데 75년이 걸렸다. 사용자 5000만 명을 달성하기까지 라디오는 38년, 텔레비전은 13년, 인터넷은 4년이 걸렸다. 반면에 모바일 게임의 일종인 앵그리버드는 고작 35일 만에 5000만 명을 돌파했다. 모든 것이 빠르게 변하는 시대다. 시대의 흐름을 알아야겠지만 빠르게 변하는 흐름을 무작정 쫓아서도 안 된다. 그러다 자칫 급류에 휩쓸리고 만다. 물살을 살펴 적절히 이용하면 좋겠지만, 그것은 가고자 하는 곳에 닿기 위해서지 물살에 떠내려가기 위해서가 아니다. 4차 산업이 뜬다고 4차 산업에서만 직업을 찾아야 하는 건 아니다. 전망을 고려해야겠지만, 무작정 전망만 쫓을 게 아니라 너른 전망 안에서 흥미와 적성에 맞는 일을 찾아야 한다.

흥미와 적성의 접점을 찾아 진로를 결정해야 한다. 재미가 있고 적성에 맞는 일을 해야 일이 만족스럽고 삶이 즐겁다. 그러면 그 일은 어떻게든 먹고살 길을 열어 준다. 메이크업 아티스트로

블로그와 유튜브 영상으로 유명해진 포니는 중국에서 한국 화장품 산업이 뜨면서 스타가 되었다. 이후 자기 이름을 딴 브랜드까지 출시했다. 이처럼 흥미와 적성이 맞아떨어지면 길은 어떻게든 보인다. 물론 운도 필요하다. 흥미와 적성이 들어맞아도 때를 잘 만나야 한다. 컴퓨터 게임을 좋아하고 잘해도, 컴퓨터 게임을 인정하는 시대에 태어나야만 성공할 수 있다.

흥미 있는 일을 하면 재밌고 좋지만, 그 일을 잘한다는 보장이 없다. 흥미가 노력으로 이어지지 못하면 잘하기 어렵다. 흥미 자체는 노력이 아니다. 더 나아가 흥미나 노력만 가지고는 안 되는 경우도 많다. 주위에서 그런 친구들을 어렵지 않게 볼 수 있다. 좋아서 음악, 만화, 문예 창작 등을 전공했지만 특출 난 재능과 소질이 없다 보니 결국에는 좌절하는 젊은이들 말이다. 흥미나 노력이 전부가 아닌 것이다.

어떤 분야든 성공하려면 노력이 있어야 한다. 그러나 노력만 갖고는 안되는 분야가 있다. 흥미도 중요하고 노력도 중요하지만, 어떤 분야에서는 타고난 재능이 훨씬 중요하다. 천부적 재능 앞에서 흥미와 노력이 무릎을 꿇는 분야가 있는 것이다. 예체능 분야가 대개 그렇다. 그쪽으로 진로를 정할 때는 세심히 살피고 꼼꼼히 따져야 한다.

'넘사벽'이라는 말이 있다. 아무리 노력해도 뛰어넘을 수 없는 상대를 가리킬 때 쓰는 말이다. 영화 〈아마데우스〉(1984)에는 천재 음악가 모차르트와 성실하지만 천재적 재능이 없는 살리에리가 등장한다. 모차르트는 살리에리에게 '넘사벽'이었다. 살리에리는 평생 모차르트의 재능을 시기하면서 괴로워했다. 재능 없이 뛰어들었다간 살리에리처럼 평생 질투와 시기 속에서 살아야 할지 모른다.

인생에서 재능은 강력한 무기가 되지만, 누구나 그 무기를 갖고 태어나는 건 아니다. 좋아하고 흥미를 가지는 일은 비교적 쉽게 떠오르지만, 재능은 그렇지 않다. 또 막상 찾아 나서더라도 자기에게 없을 수 있다. 특별하거나 특출한 재능까지는 아니더라도 적성은 누구에게나 있다. 누구나 잘하는 것이 반드시 있다. 다만 스스로 발견하지 못할 뿐이다. 자신의 재능, 적성을 알려면 많이 부딪쳐 봐야 한다. 마라톤에 소질이 있는지 알고 싶으면 우선 동네부터 뛰어 볼 필요가 있다. 부딪쳐 보지 않고 적성을, 더 나아가 재능을 찾을 수는 없다.

흥미는 재능이나 적성에 비해 쉬운 것 같다. 잘하는 건 몰라도, 끌리고 재밌는 건 하나둘씩 있을 테니까. 거창하지 않아도 된다. 영화를 좋아하면 그게 관심사인 거다. 그런데 여기에도 문제가 있다. 지금의 흥미와 관심이 지속될까? 장담하기 어렵다. 시간이 지나서 흥미가 변할지 모른다. 일시적인 유행이나 누군가 멋져 보여서 흥미를 느꼈을 수도 있다. 지금의 흥미가 쉽게 변할지, 유지될지 어떻게 판단할까? 이렇게 생각해 보면 좋다. 돈을 못 벌고 인정을 못 받아도 그 일을 계속 재미있게 할 수 있을까? 즉, 외적 조건이나 상황이 녹록지 않아도 흥미가 식지 않을까? 그런 확신이 든다면 흥미의 뿌리가 깊은 것이다.

그렇게 해서 쉽게 변하지 않을 적성과 흥미를 찾았다면, 적성과 흥미가 겹치는 영역에서 진로를 결정하는 게 가장 좋다. 그 둘이 일치하지 않을 때는 어떻게 해야 할까? 이게 참 난감한 문제다. 대개 흥미든 적성이든 한쪽으로 기울기 마련이다. 이때는 자기 성향을 잘 파악할 필요가 있다. 타인과 비교하는 성향 혹은 남에게 인정받고 싶은 성향이 강하다면 흥미보다 적성을 택해야 한다. 그런 사람에겐 하고 싶은 일보다 잘하는 일을 하는 게 맞다. 그래야 일정한 성취를 이뤄서 인정받을 수 있다. 반면에 남과 비교하는 성향이 덜하고, 남에게 인정받지 못해도 꿋꿋이 자기 길을 갈 수 있는 사람은 적성보다 흥미를 택해도 좋다. 그런 사람은 인정을 못 받아도 하고 싶은 걸 하면서 재미나게 살 수 있다.

결국 자신을 잘 알아야 꿈도 분명하게 그릴 수 있다. 흥미든, 적성이든 자신부터 알아야 한다. 의외로 우리는 자기 자신에 대해 잘 모른다. 모든 것의 시작은 '나'이고, 내 꿈의 시작 역시 '나 자신'이다.

『너희들의 미래 보고서』를 읽고 토론해 보기

1. 어떻게 하면 낮은 출산율을 끌어올릴 수 있을까요?

한국은 2001년부터 합계 출산율 1.3명 이하의 초저출산 국가랍니다. 출산율은 오를 기미를 보이지 않습니다. 저출산의 원인으로 여러 가지가 거론되고 있습니다. 정부는 양육비와 교육비 같은 경제적 부담이 저출산의 큰 이유라고 보는 것 같습니다. 그래서 지금까지 추진해 온 정책은 양육비 부담을 줄이는 방향입니다. 출산 및 양육을 배려하지 않는 사회적 분위기가 지적되기도 합니다. 임신과 출산으로 여성은 직장을 그만둬야 하거나 육아와 가사까지 도맡아 하는 경우가 많아 임신과 출산을 꺼린다는 겁니다. 마지막으로 고용과 소득 불안정도 원인으로 거론됩니다. 고용과 소득이 불안정한 대표적인 경우가 비정규직입니다. 어떻게 하면 낮은 출산율을 끌어올릴 수 있을까요? 저출산의 원인을 중심으로 토론해 보세요.

2. 정규직과 비정규직의 임금은 같아야 할까요?

우리 사회에는 비정규직으로 일하는 사람들이 700만 명에 이릅니다. 비정규직은 정규직과 똑같이 일해도 임금 등에서 차별을 받고 있죠. 기업은 정규직과 비정규직의 입사 절차가 다르기 때문에 임금도 다를 수밖에 없다고 말합니다. 비정규직을 정규직과 똑같이 대우하면 어렵게 입사한 정규직에 대한 역차별이라는 거죠. 반면에 노동계와 비정규직 노동자들은 비정규직이 정규직과 똑같은 일을 하는 만큼 똑같은 임금을 받아야 한다고 요구합니다. 고용이 보장되지 않는 처지에 있는 만큼 입사 절차와 노동 조건을 결부해선 안 된다는 입장이죠. 정규직과 비정규직의 임금은 같아야 할까요? 찬반을 나눠서 토론해 보세요.

3. 청년 실업은 청년들의 능력 부족 탓일까요?

우리나라의 청년 실업률은 매우 심각한 수준입니다. 일부 기성세대는 청년 실업이 청년 개인의 능력 문제라고 말합니다. 청년 실업률이 아무리 낮아도 능력을 갖추면 취업할 수 있다는 거죠. 그래서 사회를 탓할 시간에 능력을 키우라고 힘주어 외칩니다.

반면 청년 실업은 능력보다 구조의 문제라고 청년들은 말합니다. 일자리 자체가 턱없이 부족하니 아무리 노력해도 취업이 어렵다는 입장이죠. 청년 실업은 청년들의 능력 부족 탓일까요? 찬반을 나눠서 토론해 보세요.

4. 실패는 오직 개인의 힘으로 극복해야 할까요?

　우리는 인생을 살면서 수많은 실패를 겪습니다. 사고, 질병, 실업, 폐업과 같이 예기치 않은 실패가 누구에게나 찾아올 수 있습니다. 이러한 실패에 대해서 개인의 책임이 크다는 입장과 사회의 책임을 강조하는 입장이 대립합니다. 개인의 책임이 크다는 쪽에서는 개인의 능력, 선택, 의지, 습관 등에 주목합니다. 인생의 실패는 개인의 행동과 선택에 따른 결과이므로 개인이 책임져야 한다고 주장하지요. 반면 사회의 책임을 강조하는 쪽에서는 개인의 실패가 시대 흐름, 사회 구조, 제도 등과 밀접히 관련되어 있다고 봅니다. 따라서 실패를 개인에게만 떠넘기지 말고 사회가 도와서 함께 해결해야 한다고 주장합니다. 실패는 오직 개인의 힘으로 극복해야 할까요? 찬반을 나눠서 토론해 보세요.

5. 인공 지능 때문에 일자리가 줄어들까요?

인공 지능은 여러 측면에서 우리의 일상을 바꿀 것입니다. 인공 지능의 발달을 우려하는 사람들은 인공 지능이 인간의 일자리를 빼앗을 거라고 말합니다. 제조업은 물론이고 서비스업 일자리까지 줄어들 거라고 하죠. 단순 작업뿐만 아니라 의사, 변호사, 회계사 등 전문직도 예외가 아닐 거라고 합니다. 반면 인공 지능의 발달로 일자리가 늘어날 거라는 반론도 있습니다. 인공 지능의 발달로 다양한 혁신이 일어나면 인공 지능 개발 분야를 비롯해서 산업 전반에 더 많은 일자리가 생겨날 것으로 낙관하죠. 인공 지능 때문에 일자리가 줄어들까요? 찬반을 나눠서 토론해 보세요.

6. 잘사는 나라는 어떤 나라일까요?

A, B 두 나라가 있습니다. 두 나라 모두 국민이 10명입니다. 그런데 GDP(국민 총생산)가 다르답니다. A나라의 GDP는 100이고, B나라의 GDP는 50입니다. 두 나라 국민 10명의 국민 소득을 조사해 보니 다음과 같았습니다.(엄밀히 말하면 국민 총생산과 국민 총소득은 다른 개념이지만, 여기서는 편의상 같다고 전제합니다.) 두 나라 중

잘사는 나라는 어떤 나라일까요? 왜 그런지 이유도 말해 보세요.

	국민 1	국민 2	국민 3	국민 4	국민 5	국민 6	국민 7	국민 8	국민 9	국민 10	국민 총생산 (GDP)
A나라	80	10	3	1	1	1	1	1	1	1	100
B나라	10	8	4	4	4	4	4	4	4	4	50

7. 경제 성장이 먼저일까요, 소득 불평등 해소가 먼저일까요?

경제 성장의 과실을 흔히 파이에 비유합니다. 파이를 더 키울 것이냐, 파이를 먼저 나눌 것이냐? 경제 성장을 두고 벌어지는 대표적인 논쟁이랍니다. 성장론자들은 경제가 충분히 성장하지 못한 상태에서 분배에 집중하다 보면 경제 성장이 둔화될 수 있다고 우려합니다. 그렇게 되면 분배를 하고 싶어도 할 수 없는 상황이 올 수 있다고 합니다. 반면 분배론자들은 충분한 성장은 없다고 주장합니다. 분배 없는 성장이 오히려 경제의 활력을 떨어뜨린다고 여기죠. 소득 불평등을 해소하는 적절한 분배가 성장을 이끌 수 있다고 합니다. 경제 성장이 먼저일까요, 소득 불평등 해소가 먼저일까요? 찬반을 나눠서 토론해 보세요.

『성경』에는 '일하지 않는 자는 먹지도 말라'는 구절이 있습니다. 『성경』 구절처럼 일하지 않는 사람은 먹지 말아야 할까요? 기본 소득 반대론자는 소득은 신성한 노동을 통해서만 주어져야 한다고 말합니다. 기본 소득을 보장하면 사람들이 일하지 않게 될 거라고 주장합니다. 국가가 할 일은 돈을 주는 게 아니라 일자리를 제공하는 것이라는 입장이죠. 반면 기본 소득 찬성론자는 누구나 소득을 보장 받을 권리가 있다고 생각합니다. 소득은 노동과 상관없이 누구에게나 주어져야 한다는 겁니다. 일하고 싶어도 못하는 사람, 일은 하지만 충분히 보상·받지 못하는 사람 등 모두에게 소득을 주자는 입장이죠. 기본 소득이 필요할까요? 찬반을 나눠서 토론해 보세요.

참고 자료

가 알페로비츠 외, 『독식 비판』, 민음사

골드만삭스, 「글로벌 경제 보고서(188호)」

구본권, 『로봇 시대, 인간의 일』, 어크로스

국민연금연구원, 「노인가구의 소득수준과 공적 노후소득보장의 국가 간 비교」

김낙년, 「한국의 개인 소득 분포」

김대식, 『김대식의 인간 vs 기계』, 동아시아

김애란, 『침이 고인다』, 문학과지성사

김준형, 『경제적 세상읽기』, 리더스북

김태기 외, 『페어 소사이어티』, 한국경제신문사

마틴 포드, 『로봇의 부상』, 세종서적

미래 창조 과학부 미래준비위원회 외, 『10년 후 대한민국 : 이제는 삶의 질이다』, 지식공감

미래 창조 과학부 미래준비위원회 외, 『10년 후 대한민국 : 미래 일자리의 길을 찾다』, 지식공감

미래 창조 과학부 미래준비위원회 외, 『10년 후 대한민국 : 미래이슈 보고서』, 지식공감

미래 창조 과학부 미래준비위원회 외, 『10년 후 대한민국 : 뉴노멀 시대의 성장전략」

바티스트 밀롱도, 『조건 없이 기본 소득』, 바다출판사

박해천, 『아파트 게임』, 휴머니스트

백악관 경제자문위원회, 「인공 지능과 자동화가 경제에 미치는 영향」(https://brunch.co.kr/@kakao-it/43)

버트런드 러셀, 『버트런드 러셀의 자유로 가는 길』, 함께읽는책

보건 복지부, 「2011년 저출산·고령화에 대한 국민인식 조사」

보건사회연구원, 「결혼 및 출산 동향 조사」

삼성경제연구소, 「다문화사회 정착과 이민정책」

서울사회경제연구소, 『세계경제의 변화와 한국경제의 대응』, 한울아카데미

서울시, 「청년정책의 재구성 기획연구」

선대인, 『선대인의 빅픽처』, 웅진지식하우스

선대인, 『일의 미래, 무엇이 바뀌고 무엇이 오는가』, 인플루엔셜

애덤 스미스, 『국부론』, 동서문화사

앤서니 앳킨슨, 『불평등을 넘어』, 글항아리

에릭 브린욜프슨 외, 『기계와의 전쟁』, 틔움

에릭 브린욜프슨 외, 『제2의 기계 시대』, 청림출판

올더스 헉슬리, 『멋진 신세계』, 문예출판사

유시민, 『대한민국 개조론』, 돌베개

유철규, 「저성장과 4차 산업 혁명에 대한 대응 과제 : 해법은 분배에 있다」

이근 외, 『2017 한국경제 대전망』, 21세기북스

이근태, 『우리는 일본을 닮아가는가』, 이와우

이반 일리치, 『그림자 노동』, 사월의책

이원석, 『공부란 무엇인가』, 책담

이원재, 『아버지의 나라, 아들의 나라』, 어크로스

이원재, 『이상한 나라의 경제학』, 어크로스

자크 아탈리, 『자크 아탈리의 인간적인 길』, 에디터

장하성, 『한국 자본주의』, 헤이북스

장하성, 『왜 분노해야 하는가』, 헤이북스

장하준 외, 『무엇을 선택할 것인가』, 부키

전영수, 『이케아 세대 그들의 역습이 시작됐다』, 중앙북스

전영수, 『인구 충격의 미래 한국』, 프롬북스

제러미 리프킨, 『노동의 종말』, 민음사

제리 카플란, 『인간은 필요 없다』, 한스미디어

제프 콜빈, 『인간은 과소평가 되었다』, 한스미디어

조너선 스위프트, 『걸리버 여행기』, 문학수첩

조지프 스티글리츠 외, 『GDP는 틀렸다』, 동녘

조영태, 『정해진 미래』, 북스톤

차두원 외, 『잡 킬러』, 한스미디어

찰스 디킨스, 『두 도시 이야기』, 창비

최광은, 『모두에게 기본 소득을』, 박종철출판사

토마스 바세크, 『노동에 대한 새로운 철학』, 열림원

톰 하트만, 『중산층은 응답하라』, 부키

통계청, 「2016년 출생통계」

한국개발연구원, 「실업급여 보장성 강화의 경제적 효과 분석」

한국노동연구원, 「2016 KLI 노동통계」

해리 덴트, 『2018 인구 절벽이 온다』, 청림출판

KAIST 미래전략대학원, 『대한민국 국가미래전략 2016』, 이콘출판

NHK스페셜 지금부터 우리는 취재반, 『저출산 무엇이 문제인가?』, 지식과감성